莫泊桑

从没落贵族到小说巨匠

冯化太 ◎ 编著

中国社会出版社
国家一级出版社·全国百佳图书出版单位

"世界名人非常之路"编委会

主　　任：刘明山
编　　委：周红英　王汉卿　高立来　李正蕊　刘亚伟　张雪娇
　　　　　方士娟　刘亚超　张鑫蕊　李　勇　唐　容　蒲永平
　　　　　冯化太　李　奎　李广阔　张兰芳　高永立　潘玉峰
　　　　　王晓蕾　李丽红　邢建华　何水明　田成章　李正平
　　　　　刘干才　熊　伟　余海文　张德荣　付思明　杨永金
　　　　　向平才　赵喜臣　张广伟　袁占才　许兴胜　许　杰
　　　　　谢登华　衡孝芬　李建学　贺欣欣

写在前面的话

著名学者培根说:"用伟大人物的事迹激励我们每个人,远胜于一切教育。"

的确,崇拜伟人、模仿英雄是每个人的天性,人们天生就是伟人的追星族。我们每个人在追星的过程中,带着崇敬与激情沿着伟人的成长轨迹,陶冶心灵,胸中便会油然升腾起一股发自心底的潜力,一股奋起追求的冲动,去寻找人生的标杆。那种潜移默化的无形力量,会激励我们向往崇高的人生境界,获得人生的成功。

浩浩历史千百载,滚滚红尘万古名。在我们人类历史发展的进程中,涌现出了许多可歌可泣、光芒万丈的人间精英。他们用挥毫的笔、超人的智慧、卓越的才能书写着世界历史,描绘着美好的未来,不断创造着人类历史的崭新篇章,不断推动着人类文明的进步和发展,为我们留下了许多宝贵的精神财富和物质财富。

这些伟大的人物,是人间的英杰,是我们人类的骄傲和自豪。我们不能忘记他们在那历史巅峰发出的洪亮的声音,应该让他们永垂青史,英名长存,永远纪念他们的丰功伟绩,永远作为我们的楷模,以使我们未来的时代拥有更多的出类拔萃者,以便开创和编织更加绚丽多姿的人间美景。

我们在追寻伟人的成长历程中会发现,虽然每一位人物的成长背景各不相同,但他们在一生中所表现出的辛勤奋斗和顽强拼搏精神,则是殊途同归的。这正如爱默生所说:"伟大人物最明显的标志,就是他们拥有坚强的意志,不管环境怎样变化,他们的初衷与希望永远不会有丝毫的改变,他们永远会克服一切障碍,达到他们期望的目的。"同时,爱默生又说:"所有伟大人物都是从艰苦中脱颖而出的。"

伟大人物的成长也具有其平凡性,关键是他们在做好思想准备进行人生不懈追求的过程中,从日常司空见惯的普通小事上,迸发出了生命的火花,化渺小为伟大,化平凡为神奇,

写在前面的话

获得灵感和启发,从而获得伟大的精神力量,去争取伟大成功的。这恰恰是我们每个人都要学习的地方。

正如学者吉田兼好所说:"天下所有的伟大人物,起初都很幼稚而有严重的缺点,但他们遵守规则,重视规律,不自以为是,因此才成为一代名家,成为人们崇敬的偶像。"

为此,我们特别推出"世界名人非常之路"丛书,精选荟萃了古今中外各行各业具有代表性的名人,其中包括政治领袖、将帅英雄、思想大家、科学巨子、文坛泰斗、艺术巨匠、体坛健儿、企业精英、探险英雄、平凡伟人等,主要以他们的成长历程和人生发展为线索,尽量避免冗长的说教性叙述,而采用日常生活中富于启发性的小故事来传达他们成功的道理,尤其着重表现他们所处时代的生活特征和他们建功立业的艰难过程,以便使读者产生思想共鸣和受到启迪。

为了让读者很好地把握和学习这些名人,我们还增设了人物简介、经典故事、年谱和名言等相关内容,使本套丛书更具可读性、指向性和知识性。

为了更加形象地表现名人的发展历程,我们还根据人物的成长线索,适当配图,使之图文并茂,形式新颖,设计精美,非常适合读者阅读和收藏。

我们在编撰本套丛书时,为了体现内容的系统性和资料的翔实性,参考和借鉴了国内外的大量资料和许多版本,在此向所有辛勤付出的人们表示衷心谢意。但仍难免出现挂一漏万或错误疏忽,恳请读者批评指正,以利于我们修正。我们相信广大读者通过阅读这些世界名人的成长与成功故事,领略他们的人生追求与思想力量,一定会受到多方面的启迪和教益,进而更好地把握自我成长的关键,直至开创自己的成功人生!

莫泊桑

人物简介

名人简介

居伊·德·莫泊桑（Guy de Maupassant，1850~1893），法国作家，被称为短篇小说巨匠。他一生写的短篇小说多达300多篇，代表作有《项链》《羊脂球》《我的叔叔于勒》《漂亮朋友》等，这些都是脍炙人口的名篇。

莫泊桑出生在法国西北部诺曼底省第埃普城附近一个没落的贵族家庭。他的祖辈都是贵族，但到他父亲这一代时没落了，父亲做了交易所的经纪人。他的母亲出身于书香门第，爱好文学，经常对文学作品发表议论，见解独到。

1869年，莫泊桑中学毕业后到巴黎大学法学院学习法学。1870年普法战争爆发，他应征入伍。在军队中，他亲眼目睹了危难中的祖国和在血泊中呻吟的兵士，心里十分难过。他要把自己的所见所闻写下来，以激发人们的爱国热情。1871年，战争结束后，莫泊桑退役回到巴黎。

1878年，他在教育部工作之余开始从事写作。那时，他的舅舅的同窗好友、大文学家福楼拜成为莫泊桑文学上的导师，他们两人结下了亲如父子般的师徒关系。

莫泊桑的创作盛期是19世纪80年代。10年间，他创作了6部长篇小说：《一生》《漂亮朋友》《温泉》《两兄弟》《像死一般坚强》《我们的心》。

莫泊桑勤奋地创作了一生，由于过度劳累得了精神错乱症，后来被送进巴黎的疯人院。1893年7月6日，莫泊桑逝世，年仅43岁。

成就与贡献

莫泊桑的作品揭露了第三共和国的黑暗内幕，内阁要员从金融巨头

莫泊桑

的利益出发，欺骗议会和民众，发动掠夺非洲殖民地摩洛哥的帝国主义战争；抨击了统治集团的腐朽、贪婪、尔虞我诈和荒淫无耻。莫泊桑在揭露上层统治者及其毒化下的社会风气的同时，对被侮辱被损害的小人物寄予深切同情。

短篇的主题大致可归纳为三个方面：第一是讽刺虚荣心和拜金主义；第二是描写劳动人民的悲惨遭遇，赞颂其正直、淳朴、宽厚的品格；第三是描写普法战争，反映法国人民的爱国情绪。

1880年，莫泊桑的成名作《羊脂球》发表了，使莫泊桑一鸣惊人，从此他一跃登上了法国文坛。

地位与影响

莫泊桑光辉的文学艺术成就，对世界文学宝库作出了突出的贡献。他写作艺术技巧的成就，不仅在法国文学史上占有重要地位，而且对后来的欧洲及中国作家都产生了很大的影响。

莫泊桑擅长从平凡琐屑的事物中截取富有典型意义的片段，以小见大地概括出生活的真实。他的短篇小说构思别具匠心，情节变化多端，描写生动细致，刻画人情世态惟妙惟肖，令人读后回味无穷。

莫泊桑不但是个短篇小说的高手，在长篇小说创作上也颇有建树。他继承了巴尔扎克、司汤达、福楼拜的现实主义传统，在心理描写上又开拓出新路。他的笔触已经从个人生活投向新闻界和政界，具有丰富得多的内容，两部长篇小说被列入世界长篇小说名著之林。

屠格涅夫认为他是19世纪末法国文坛上"最卓越的天才"。托尔斯泰认为他的小说具有"形式的美感"和"鲜明的爱憎"，他之所以是天才，是因为他"不是按照他所希望看到的样子而是照事物本来的样子来看事物"，因而"就能揭发暴露事物，而且使得人们爱那值得爱的，恨那值得恨的事物"。左拉说他的作品"无限的丰富多彩，无不精彩绝妙，令人叹为观止"。恩格斯也称赞说"应该向莫泊桑脱帽致敬"。

目录

莫泊桑

坚强少年

莫泊桑的贵族家史 ………………………………… 2
童年感受父母冲突 ………………………………… 6
海滨生活丰富多彩 ………………………………… 15
去接受正规的教育 ………………………………… 23

得遇良师

求学鲁昂见福楼拜 ………………………………… 28
受布耶、福楼拜指点 ……………………………… 33
良师栽培健康成长 ………………………………… 39
告别鲁昂赶赴巴黎 ………………………………… 43

战争旋涡

亲身经历普法战争 ………………………………… 48
战争后期不屈抗争 ………………………………… 53
用文学来记录战争 ………………………………… 58

工作生涯

脱掉军装初入职场 ………………………………… 66
排遣乏味枯燥生活 ………………………………… 71
冗员生活放荡不羁 ………………………………… 77
工作之余坚持文学 ………………………………… 81
福楼拜严教莫泊桑 ………………………………… 84

莫泊桑 目录

文朋聚会其乐融融……………………………… 87
开始尝试文学创作………………………………… 92

圣手奇才

与朋友组建文学集会……………………………… 102
《羊脂球》一举成名……………………………… 107
恩师去世悲痛万分………………………………… 116
短篇小说再创辉煌………………………………… 124
登上短篇之王宝座………………………………… 130
尝试长篇小说创作………………………………… 135
创作长篇传世之作………………………………… 144

英年早逝

写作《温泉》弟弟结婚…………………………… 154
积劳成疾病症显现………………………………… 159
创作《奥拉》弟弟发病…………………………… 165
安葬弟弟病情加重………………………………… 171
病魔缠身痛苦不堪………………………………… 179
一代文豪英年早逝………………………………… 185

附　录

经典故事…………………………………………… 192
年　谱……………………………………………… 195
名　言……………………………………………… 198

坚强少年

世上真不知有多少能够成功立业的人，都因为把难得的时间轻轻放过而致默默无闻。

—— 莫泊桑

莫泊桑的贵族家史

法国诺曼底地区，出鲁昂城沿公路一直向北，在拉芒什海峡的岸边，有一座名叫第埃普的小城。在第埃普城南约10英里处，是奥弗朗维尔区。

1850年8月5日18时，奥弗朗维尔区所辖的阿克河上的图尔维尔镇镇公所登记的第30号出生证上这样写着：

亨利·勒内·阿尔贝·吉·德·莫泊桑，男性，于1850年8月5日上午8时出生于其父母在本镇的住所；其父居斯塔夫·弗朗索瓦·阿尔贝·德·莫泊桑，现年28岁，以其收入为生；其母洛尔·玛丽·日奈维也芙，现年28岁，以其收入为生；二人皆居住于本镇所辖米洛美尼尔堡。

米洛美尼尔堡，是建于18世纪的一座贵族古堡。它原属于与拿破仑的皇后约瑟芬的祖先有关系的一个家族，后来为米洛美尼尔家族所得。曾任诺曼底省最高法院大法官和路易十六国王的掌玺大臣的托马·于·德·米洛美尼尔在资产阶级革命期间就引退在这里。

在莫泊桑呱呱坠地后不久登记的出生证上，堂而皇之地书写着这堪与阿拉伯帝王姓名的长度媲美的全名。但是，如此复杂的名字，注定只能在显示其出身不凡的正式文件中使用。至于在实际生活中，亲朋好友都只亲昵地称呼他"吉"。

在那一长串名字中，关键在于一个"德"字，它表明莫泊桑出身于贵族之家。不过，令人遗憾的是，这个高贵的家族竟没有留下一份家谱。

据考证，第一批莫泊桑家族人的足迹，出现于16世纪末至17世纪中叶的法国东部的洛林省。当时这个家族尚与高贵的等级无缘，只徘徊在普通市民阶级中间：一个叫罗贝尔的是铁匠；一个叫雅克的做布商；雅克的儿子克洛德开药店。

后来，又有个叫克洛德的当过一段工程师，以后成为骑兵军官，1669年曾站在土耳其人一边，参加过攻打希腊港口堪第亚的围城战；还有一个叫克利斯托夫的，出卖过一座葡萄园。

在等级森严的封建社会里，这些或工、或农、或军、或商的莫泊桑都梦想着进入上层社会。他们中曾有人成功地同贵族攀亲，但那最多也只能使他的儿子凭着贵族母亲的关系在军队中谋个一官半职，并不能改变莫泊桑家族的平民地位。

直至1752年，一个名叫让·巴蒂斯特的莫泊桑家族的成员，侥幸地当上了宫廷秘书参事，才为"莫泊桑"这个姓氏赢得了冠以"德"字的权利。奥地利宫廷这年5月颁发给"让·巴蒂斯特·德·莫泊桑"证书。

莫泊桑的直系祖先，最早是18世纪中叶巴黎的一位公证人。他的两个儿子都是收税人。其中一个叫莫泊桑·德·瓦尔蒙的是长子，因为莫泊桑家的长子都有称"瓦尔蒙"的习惯。

莫泊桑·德·瓦尔蒙有3个儿子，其中一个叫于勒的，生于1795年，就是吉的祖父。不过，大概是经过了1789年资产阶级革命对贵族的冲击的缘故吧，莫泊桑家此时却自动放弃了那作为贵族标志的"德"字，他的爷爷只称"于勒·莫泊桑"了。

1820年前后，于勒在诺曼底的贝尔奈城当直接税监督员，后来到省会鲁昂当烟草经销管理员。因此，莫泊桑家即便算是贵族，也不过是个家道中落的末流贵族而已。

1820年，于勒爱上一个税务官的女儿，尽管女方的家庭反对，但他们还是结了婚,第二年便生下吉的父亲居斯塔夫·莫泊桑。

莫泊桑的几辈祖先都没有大的作为,如果说他的祖父于勒那一代还或多或少拥有个人奋斗的理想和志愿,并创造了自己的农业的话;那么,居斯塔夫简直就是个败家子,他青少年时代就游手好闲,是个典型的花花公子。

莫泊桑的母亲本名洛尔·勒·普瓦特万,与居斯塔夫同岁。她天生聪慧,美丽动人。洛尔那棕色的头发从中间分开,紧贴两鬓垂下。她高高的额头、直直的鼻子、线条分明的嘴唇显得刚强多于温柔;眉毛淡淡的,然而两眼深陷,目光深邃,显露出她的精明。

1840年,在鲁昂经办烟草专卖事务的于勒·莫泊桑发了一笔财,在离鲁昂不远的诺维尔购置了一处庄园,与勒·普瓦特万家的庄园为邻。

1846年7月,居斯塔夫的姐姐路易丝嫁给了洛尔的哥哥阿尔弗莱德·勒·普瓦特万。

居斯塔夫则对洛尔的美貌一见倾心,从而殷勤追求。

洛尔的家庭在诺曼底地区已有悠久的历史。洛尔的父亲保尔·勒·普瓦特万是鲁昂的一个纺织厂主,拥有两家工厂;她的外公是诺曼底省另一个滨海城市费冈的造船厂主。

虽然洛尔生在资产者之家,门第观念却相当浓厚,对贵族的身份尤其看重。

洛尔是一位见多识广、性格刚强、精明能干的富家小姐,她对贵族与生俱来有一种兴趣和追求,她告诉急切的追求者:"居斯塔夫,你要我嫁你也成,可必须先恢复莫泊桑家姓前的那个'德'字。"

居斯塔夫于是向鲁昂民事法庭提出请求,虽几经周折,但凭着祖传的那份奥地利宫廷颁发的证书,再加上贿赂的功效,终于在1846年7月如愿以偿。1846年11月9日,莫泊桑家与勒·普瓦特万家终于亲上加亲。

居斯塔夫·德·莫泊桑和洛尔·勒·普瓦特万婚后过了将近4年，才生下他们的长子吉·德·莫泊桑。

吉·德·莫泊桑出生于19世纪的中叶，也是法国历史的一个不大不小的转折关头。

1830年7月，革命后建立的七月王朝基本上确立了资产阶级的一统天下，无产阶级和资产阶级之间的阶级斗争也随之跃居于首位。

这一斗争的急剧尖锐化引起1848年二月革命，又摧垮了七月王朝。但是，资产阶级的反动统治远未结束，整个19世纪下半叶，在第二帝国和第三共和国的招牌下，它日益变本加厉。

1850年，正是1848年二月革命后不久靠混乱上台的路易·拿破仑·波拿巴，为宣布法国为第二帝国而运筹帷幄的时候。

莫泊桑出生之年，也正值法国19世纪文学发展史上的一个微妙的时期。该世纪上半叶的法国文坛，浪漫主义文学和现实主义文学并驾齐驱。前者以雨果为首，特别在诗歌和戏剧方面有过它的黄金时代；后者以巴尔扎克、司汤达为代表，曾经在长篇和中篇小说方面大放光彩。

可是，浪漫主义作为一个流派，到了19世纪40年代即已失去势头，唯有创作力旺盛持久的雨果还在独力支撑着这面大旗；而现实主义文学，随着司汤达和巴尔扎克在1842年和1850年先后去世，也受到青黄不接的威胁。

不过，历史证明，具有强大生命力的现实主义文学并没有就此中断。

事有凑巧，巴尔扎克逝世于1850年8月18日，恰在莫泊桑出世数天以后，似乎他把神圣的现实主义文学接力棒交给了这位后继者，这才放心地撒手而去。莫泊桑真可谓应运而生。

童年感受父母冲突

莫泊桑的出世，给家庭增添了一些喜气。父亲为自己有了个英俊的继承人而沾沾自喜，母亲更是以他为心肝和骄傲。那时一家人生活在欢愉和谐之中。

1850年8月23日，就在米洛美尼尔堡的小教堂里，为初生的莫泊桑举行了简便的洗礼。这小教堂坐落在古堡前那片大草场的东南侧，在山毛榉环抱之中，墙壁的一角刻着"1583"的字样，说明它的历史比古堡本身还要悠久。

整个教堂大约可容20人，建筑小巧玲珑，那些绘有基督受难图的彩画玻璃窗尤其精致。按教规，只有面临夭折危险的婴儿，才被特许举行这种简便的洗礼仪式。一直到小莫泊桑满周岁时，他的健康状况很好，能受此礼遇，不知是为什么。

1851年8月17日，在阿克河上的图尔维尔小城的堂区教堂里为他补行了正式的洗礼。絮里神父主持了这次洗礼，祖父于勒·德·莫泊桑做他的教父，外祖母维克托·玛丽·图兰是他的教母。

那时，父亲居斯塔夫总是彬彬有礼，在人们面前侃侃而谈。母亲洛尔更是人们羡慕的对象，她有才能，有修养，有可掬的笑容和款款的仪态，是周围人们的崇拜偶像。每当父母出现在人前时，人们都主动向他们致意，祝福他们百年好合。

小莫泊桑深深地为自己有这样令人尊敬的父母而骄傲。他觉得自己的父母是天底下最相爱的人了，是他们的爱情孕育了自己。

小莫泊桑在米洛美尼尔堡度过了4年时光。没有固定职业的父亲经常在外面浪荡，时而巴黎，时而鲁昂，时而第埃普，时而费冈。家中事务全由母亲操持。

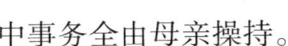

洛尔自然珍爱这个儿子，但并不过分娇惯。所以对人世间的一切都觉得新鲜的小莫泊桑，能常跟着老女仆到大自然中玩耍。古堡南侧的花圃，是小莫泊桑的乐园。他爱看园丁整治花木，有时可以目不转睛地蹲在那里老半天。他很爱去古堡北侧的仆役雇工们的住处，他在那些"下人"们的孩子里找到了自己最早的伙伴。

小莫泊桑长得敦敦实实，机警的大眼睛，圆圆的大脑袋，很招人喜欢。

人们常爱这么逗着他玩儿："吉，你的脑袋怎么这样圆啊？"

天真的小莫泊桑一边指着自己的大脑袋，一边认真地回答："这个圆脑袋么，是接我到世上来的那个老医生搞的。我刚一来到世上，他就拿两个膝盖夹着我的头，就像做陶器的人做罐儿似的，用手使劲儿团呀，团呀，才把我的头弄得这么圆的。医生当时还对我妈妈说：'瞧呀，夫人，我把您的儿子的脑袋弄得像苹果一样圆，将来一定好使，特别聪明。'"

其实，这是洛尔为儿子编造的故事，小莫泊桑却信以为真了。

母亲的话是那么深深地印在莫泊桑幼小的心灵里，直到多年以后，他有时还自问："我的头脑能轻松自如地胜任超过常人的工作，是否是那老医生揉弄之功？"

1854年，莫泊桑一家迁居勒阿弗尔城附近戈代维尔区的格兰维尔－伊莫维尔堡，这座山庄离海边不远，从勒阿弗尔到费冈的公路就在它附近经过。

莫泊桑家的邸宅是一座古老的诺曼底式的两层楼房，通体用白石建筑，刚刚翻新的屋顶和漆成银白色的窗扉同退了色的墙壁形成对照，正是勉强维持着的"高贵"局面的象征。

院子两旁各有一排用海滨鹅卵石砌成的茅顶小屋，在苹果园的外面散落着农舍。高大古堡中的生活固然舒适，然而小莫泊桑却偏偏为充满生机的低矮农舍所吸引。能自己跑动了,母亲稍一转眼,他就溜到这个或者那个庄户人家去了。

莫泊桑从小接触农村生活,了解诺曼底农民,对他日后的文学创作有着不可忽视的影响。

但是,莫泊桑10岁的时候,却无意中发现了父母之间并不如他一直想象的那样恩爱。

有一天,他在山坡上拨开树枝跑着,如果有覆在小路上面的荆棘伸长带刺的手臂阻住他时,他就缩着脖子钻过去,开辟路径。终于跑到了小小的空地上,他停下脚步,竖起耳朵四处倾听:没有什么不妥的,只要猎人和狗不埋伏在路那一边就好了。他转过头来,学了一声狗叫,然后再奔入丛林中。

突然,小莫泊桑发现眼前有个东西在动,透过稀疏的光线,可以看到两个小小的白色尾巴向上翘着:原来是两只兔子。

小莫泊桑追着它们一直到洞前,看着这两个小东西争抢着钻进洞里,他不由被逗得哈哈大笑。然后,他拾了一根木棒,伏身在洞口,歪着头,尽量伸长手臂,拿着木棒探进去搅动。

这时,小莫泊桑的脑海中,显现出兔子那闪亮、大大的红眼睛,

它们躲在神秘的迷宫里。他站起身来，衣服上沾满了树枝和落叶。

然后他走到森林旁边，悄悄地走进一条林间小径，路的尽头就是他们的家。

夕阳正照在那栋灰色的大房子上，天窗闪亮得就像一个辉煌的徽章。二楼左边第三个窗子是他房间的，接着是弟弟艾尔维的房间，最后是父母房间的窗子。艾尔维一定是在父母旁边睡觉，因为他才5岁。

一群乌鸦绕着烟囱飞着，然后隐入黑黑的树丛中。"啊，又一天快要过去了，假期过得真快！"

莫泊桑知道，再过几天，9月一过完，就要开始新的学年了。这个夏天似乎非常短。

每一个窗子都亮着灯光，莫泊桑注视着它们。这时，他发现父亲和母亲从前面正沿着小路向他走来。莫泊桑心想："他们怎么会来这儿呢？"

莫泊桑深深地敬爱着母亲，同时当然也很尊敬父亲。但是，他却无法与父亲保持亲密无间。朋友们也都表示，父亲对他们来说不如对母亲更了解。

现在父母从远处向这边走来，居斯塔夫一边走一边用拐杖拨打着路边的草，而洛尔则和平时一样没有戴帽子。

莫泊桑心想："现在天已经快黑了，我躲起来吓吓他们一定很有趣。"他躲在一棵树后面，林子里吹着凉凉的晚风，大树随风摇摆发出"哗哗"的声响。小鸟在树枝间跳跃着、鸣叫着。风卷着落叶打着旋从树上轻舞下来，又忽地掠过地面。

莫泊桑躲在树丛后面，悄悄地接近父母那边。大概还差着十来米的时候，他像一头猎豹一样扑了过去。

但是，当他快扑到父母身边的时候，却突然听到了父亲那高昂、生气的声音："我再说一遍，这事与你无关！我讨厌你刨根问底。把那块土地卖掉，那是你的土地，要是不愿意，那就随你的便吧！"

而母亲洛尔呆呆地与父亲居斯塔夫相对站立，两条手臂僵硬地下垂着，她反对说："我不愿意卖掉那块土地。留给孩子们的东西，只剩下这块土地了，而你竟然……"

"够了！你别再和我啰唆了，我意已决，你再多说也没用了！"

"吉的寄宿费已经欠了两个学期了，你让孩子怎么有脸去学校？！"

"我刚才也说过了，我再拿不出一文钱了！"

"但是，我已经不能再维持这个家了。为了付给女仆的钱，我不能再继续去借钱了。"

"哼，那你为什么还要到处去租别墅？没有别墅人家就不养孩子了吗？原来是在米洛美尼，然后又是这里。"

"家里的事我操心，你不用管。但是，你对孩子们，总应该比你对随便挥霍金钱的侍女和妓女重视才好。"

居斯塔夫一下急了："该死的，别再说了！"

他突然冲上前去，抓住洛尔的衣领，猛地抬手就打了两个耳光。洛尔一下被打得头发散乱，一面后退一面遮挡着。但是，居斯塔夫就像疯了一样，连着打了好几下，把洛尔打倒在地，缩成一团。

而居斯塔夫还不罢休，一只手抓住洛尔的两个胳膊，一只手往她脸上猛抽。

莫泊桑躲在树后，面对发生的这一切，他吓得屏住了呼吸，他感觉似乎整个世界都毁灭了。他没有什么力量能保护亲爱的母亲。而一向受他尊重的父亲却变成了一个恶魔。

莫泊桑猛地转身疯跑起来，喉咙像被什么东西塞住了，但又吐不出来。两边伸出来的树枝抽着他的脸，拉扯着他的衣服，甚至把他拽倒在地。但他仍然没有停下来，依然爬起来向前跑，心中充满了恐怖和无限的愤恨。

终于，莫泊桑已经筋疲力尽了，他一头栽倒在地上，闭着眼睛，双手紧紧地握着拳头,顾不得地上是肮脏的泥土和落叶。

他不想再看到世上的一切,而其实这时什么也看不到,天已经完全黑了。他只想就这样躺着,直至永远。

这时,家里的女仆约瑟芬正在到处找他,不停地呼唤:"吉,吉,该回家了!"莫泊桑猛地跳起身来,这才发觉自己脸上已经满是泪水。他不想让约瑟芬找到,也不想见到任何人,于是穿过树林,朝家的方向跑去。

他沿着灯光一直走到了阳台前。约瑟芬旁边站着一个提着灯笼的男人,他的身影在灯光下飘忽着像在跳舞。

莫泊桑丝毫没有放慢脚步,他把脸转向另一边,从她身边跑过,走进自己的房间后,就把房门反锁起来。他回过身,一拳重重地打在桌子上。刚才树林中那一幕使他痛苦万分,他真想把看到的那个场景一拳击得粉碎,从脑海中消灭掉。他口中乱嚷着:"不!不!不!"

第二天早上,莫泊桑又独自一个人在湖边上坐着。当他听到别墅响起早餐的钟声时,他迈步回到家中。

莫泊桑推开餐厅门,犹豫了一下,还是走了进去。这时,他看到母亲正坐在餐桌旁,静静地看着艾尔维吃饭。她的脸颊微微肿起,双眼好像刚刚哭过一样。可能为了掩饰,洛尔在脸上涂了些面霜和白粉。

居斯塔夫坐在他平常的座位上。

洛尔看儿子进来,朝他微微一笑。

莫泊桑极力控制住扑到母亲怀里痛哭一场的冲动,默默地走到桌旁,眼睛躲着父亲,低头坐下。

洛尔问道:"吉,你去湖上划船了?这个玩法不错。"

"是的,妈妈。"

居斯塔夫开口说话,一如他平时的口吻:"但是要小心啊,那个小船的底板不是太牢固。"

"知道了,爸爸。"

洛尔说:"吃吧,孩子。喏,把胡椒递给我。"

莫泊桑突然感到一种莫名的愤怒:一家人就这样假惺惺地装作若无其事地吃着"愉快"的早餐,这是多么可怕的事情。父亲,他怎么还有脸继续在这里装君子?

莫泊桑注视了一眼父亲:他穿着平时那件灰色礼服,豆点领花,闪闪发亮的皮鞋。他吃得很痛快,不时拿餐巾擦一下嘴。

但莫泊桑已经知道这现象背后的事实:父亲可能随时会爆发脾气。像他们这种大男人真的是不可理解的。

而洛尔显得比平时更加冷静,而且有点表演过度了,不过今天莫泊桑知道她更多的是谨慎。她没有说几句话,但莫泊桑从她脸上的表情就知道,她已经下定了决心。

洛尔看着儿子脸上的表情,她发觉,莫泊桑肯定知道了些什么。

莫泊桑一下心慌意乱起来,他脸上一下好像着了火,匆匆吃了几口,就站起来说:"我要找帽子、课本,还要准备好文具,回来……"

居斯塔夫粗暴地打断了:"这些跟妈妈说就行。"然后他讽刺地说:"只要告诉妈妈,她还会给你一些零花钱的。"

屋里一下安静了,洛尔低头不语。莫泊桑心中充斥着羞耻和悲哀,他明显看出,父母之间出现了无法弥补的裂痕。但过去他却从来没有意识到,可能是他们掩饰得太好了。

10岁的莫泊桑,而且是个学生了,所以有时便会斗胆流露出自己的不满。

居斯塔夫一直不改跟在女人屁股后面穷追的习惯,脑子里没有一点有用的东西,没有一点经济观念,而且意志薄弱。但他却还附庸风雅,爱好画画,常常手里拿着素描本,让画家画他的肖像;或坐在公园一角,无聊地抚着胡须,一面写着短诗。

这都是绅士的表现,必须以漂亮的十二间节诗句或什么东西来表现他们的智慧。

但居斯塔夫与儿子们之间却十分生疏。他从不带孩子们一块玩，或一起到公园散步，或者去划船、游泳。因为他没有兴趣去了解孩子们喜欢什么，也从没想成为孩子们的朋友。

但莫泊桑却对父亲的行径早有察觉，他非常了解父亲喜欢什么：看戏，驾着马车载着女人兜风，或带她们去吃晚餐，与她们高声谈笑。有几次他和父亲一起去巴黎，看到过父亲马车上载着的贵妇，也见过餐桌上的女人，她们都不是同一个人，但都一律散发着浓浓的香水味。

父亲三天两头跑到外面去厮混，有时带莫泊桑出去时也不安分，总是要找借口把他放在旅馆或咖啡馆，然后一个人躲到相好的那里。常常是莫泊桑等得不耐烦时，父亲才气喘吁吁地赶回来。

举家迁到巴黎后，居斯塔夫更加肆无忌惮地四处游荡，根本没有把妻子儿子放在眼里。

有一天，Z夫人邀请吉和艾尔维去观看一次专为儿童举办的日场演出。艾尔维病了，母亲陪他留在家里，父亲催促莫泊桑赶快装束。莫泊桑知道父亲正同那Z夫人打得火热，故意慢慢吞吞。

父亲便威胁说要把他也留在家里。

小莫泊桑回答："啊！我才不在乎哪！你比我还想去哩！"

居斯塔夫催促说："得啦，快把鞋带系好吧！"

小莫泊桑继续顶嘴："不，你来给我系！"

居斯塔夫只得亲自给他系好鞋带。

居斯塔夫不知悔改，伤透了洛尔的心。她再也不愿意待在巴黎眼看着负心的丈夫胡作非为。

1860年夏天，莫泊桑结束了一学年的学业。

有一天早上，来了一辆马车，居斯塔夫和洛尔一起乘着马车离开。晚餐的时候，他们还没有回来。

莫泊桑在天黑的时候躺到床上，这时却突然听到林荫路那边传来马车声，然后就听到母亲对车夫和约瑟芬讲话的声音。

莫泊桑起身来到窗前，他没有听到父亲的声音，车近了，果然也没看到父亲一起回来。

洛尔来到莫泊桑房间，坐在儿子的床沿上，轻声问："吉，你睡了吗？"

莫泊桑说："还没呢，妈妈。"

洛尔犹豫了一下，说："吉，我们不久就要搬到别的地方去住了。"

莫泊桑一下回过头来。"什么地方？"

洛尔说："艾德路塔，你肯定会喜欢那地方的。"

一听说要去艾德路塔住下，小莫泊桑再也没有丝毫烦虑而欢呼跳跃起来说："是不是暑假的时候我和鲁·波花特凡舅母的管家一起乘马车回来的时候中途住过的那个地方？"

洛尔说："是的。吉，你已经长大了，家里的有些事应该告诉你了。你父亲只顾自己高兴，对妻子儿子全不负责任，我们没法这样生活下去了。我们要分开，原因现在不能说，等你长大了自然会了解的。人时常会犯错，而且认为各自随心所欲地做比较幸福。因此，我要带你和艾尔维搬到新的地方去。"

于是，洛尔便带着两个儿子前往第埃普和费冈之间的海滨胜地艾德路塔，在不久前购置的别墅住下。这年年底，洛尔和居斯塔夫终于协议分居。

海滨生活丰富多彩

父亲和母亲分开了,莫泊桑和弟弟、妈妈来到艾德路塔,爸爸到别的地方去住了。

小莫泊桑问妈妈:"我们再也不和爸爸见面了吗?"

"当然不是了,你们可以给他写信,他也可以去看你们。"

小莫泊桑关切地问:"我们要变穷了吗?"

"不,你父亲会每年给你们6000法郎抚养费。再说,我还有几处产业,我们已经够用了。"洛尔接着说,"以后你和朋友们见面的时候,那些人可能会觉得奇怪,所以我想现在就让你先了解。世界上像我们这样,为了离婚而到法院,没有公开吵架,父母与子女彼此不了解而痛苦的人们太多太多了!"

莫泊桑回忆着林荫路那件可怕的事,懂事地说:"嗯,我懂了。"

洛尔说:"吉,我尽可能地告诉你,使你不会因为被人轻视而烦恼。"

莫泊桑说:"只要能跟妈妈在一起,我什么都不在乎。"

过去,艾德路塔对莫泊桑并没有什么特别的印象,但现在,他感觉那是法国最美丽的海岸。

诺曼底北部科乡地区的自然条件在整个法国独具特色。这是一片白垩质的高原,可是上面覆盖着一层由肥沃的硬质黏土和软泥缝制的"雨衣",因而自古以来这里的农业和畜牧业就在法国占有举足轻重的地位。

科乡沿海有三大海上拱门,艾德路塔就位于其中两座巨门之间一英里多宽的海岸上,右边是阿蒙门,左边是阿瓦尔门。艾德路塔的海滩上，好像天公特意铺下了一张鹅卵石的地毯；离岸一公里之内的海底，坡度也异常平缓，使这里成为海水浴的天然良好处所。

自从1850年前后，作家和新闻记者阿尔封斯·卡尔发现这块胜地，并大加宣传；作家雅克·奥芬巴赫率先在这里建起庞大的别墅，这里就成为文人艺术家聚集之地。他们春来冬去，为这座渔民、海员、小商人的城镇增添了文艺界的浪漫气息。艾德路塔人很为自己这块土地的吸引力而骄傲。

这小城永远经受着风雨和浪花的拍打，永远弥漫着在褐色房屋里熏烤着鱼的腥味。这些房屋顶上都耸立着砖砌的烟囱，冒出的浓烟把鲱鱼的刺鼻腥味带到远远的田野上。晾晒在各家门前的渔网的气味，人们用来肥田的腌过鱼的盐汤的气味，落潮后留下的海藻的气味，小港城所特有的一切，使人们身心都充满强烈恬适感的浓郁气息。

洛尔在艾德路塔购置的住所叫"维尔吉"，在科乡方言中是"果园"的意思。它包括一座二层楼房和一个花园。楼房宽敞而富有村野风格。白色的墙壁，建有长长的阳台的一面，开着9扇玻璃窗，楼下有3扇落地窗可通花园。那花园相当大，在挺拔的无花果、菩提树和桦树下，金银花、仙人草和五颜六色的鲜花争芳斗艳。

摆脱了和丈夫的纠纷，洛尔现在可以专心致志地培育自己的儿子了。她发现莫泊桑对文学颇能心领神会，便决意向这方面引导他。

洛尔是儿子的第一任老师。也许是长期与母亲在一起的缘故，莫泊桑从小就对母亲怀有一种特殊的信任和崇拜，把母亲看成是无所不知的先知。

洛尔则很早就发现儿子的文学天赋和敏感。为了引导儿子，她为儿子制订了学习计划，每天按时实施。

洛尔对莫泊桑的教育方式也是颇具情趣的。她虽然规定儿子每天在书房里学习一定的时间，由她给他讲述，指导他阅读古今文学名著、作家传记等；但她主要还是把大自然当作课堂，等儿子做完了功课，就陪他到田间和海边漫游，启发他体味大自然的美，借以陶冶性情，感受人生。并开始教他练习描写大自然的美。儿子想去哪里，她从来不加阻拦。

这期间，莫泊桑大部分的时间是在海边的岩石、悬崖上面，或在沙滩、或在小船、或在海中消磨。

洛尔还鼓励儿子向自然挑战。一天，她陪儿子到悬崖下游玩。海滩上停着被出海的渔人当作临时仓库的破船；这里那里的坑洼处蹦跳着搁浅的鱼儿。这一切都引起小莫泊桑极大的兴趣，他流连忘返。

不知不觉间，海水涨潮了，潮水来势汹汹。洛尔连忙拉着儿子奔逃，冒着粉身碎骨的危险，使出惊人的力量，推着他攀上悬崖。到了平安处，洛尔久久地把儿子搂在怀里，为他能脱险而深深地庆幸。

莫泊桑则以钦佩的目光注视着勇敢的母亲，他为有这样勇敢而慈爱的母亲而骄傲。

在艾德路塔度过了十分安静的夏天。带着打扮漂亮的孩子们到沙滩来的系着蝴蝶结的奶妈们回去了，但艾德路塔仍充满了固有的色彩与活泼。

莫泊桑在这个渔村找到了无限的快乐：新的朋友、钓鱼、探险划船的男人们，白色与黄色的脱衣室成排并列；穿着蓝色的衬衫；讲着方言的渔夫们的小村落，仿佛波尔多拉蒙与马奴波尔特两个岩石拱门之间的装饰。

莫泊桑整天如同吹过这地方的风一样，到处走动、奔跑。

为了充实对儿子们教育的内容，洛尔还特地给他们请了一位教师，那就是艾德路塔的教区助理司锋欧布尔神父。

奇特的是，他的课堂不设在莫泊桑家里，也不设在教堂里，而是设在离莫泊桑家不远的圣母院后面的墓地里。艾尔维名义上跟着一块儿学，其实，遇上稍难的功课，欧布尔神父就任他在墓地里玩耍了。

可是，自从欧布尔神父想出一个新花样，让兄弟俩比赛，艾尔维可成了哥哥的劲敌。

一天，上完拉丁文语法课，老神父合上书本，对两个学生说："来，孩子们，现在该锻炼锻炼你们的观察力和记忆力了。怎样锻炼呢？你们来记墓地中每一个坟墓的形状以及死者的姓名、年龄、身份等，看谁记得清、记得快。"

最初，获胜的常常是艾尔维。因为当哥哥坐在又硬又凉的墓石上背诵拉丁文语法时，他早已在墓地里兜了几圈了。

神父开始提问："第三排第七个墓是谁的？"

艾尔维几乎不假思索就答了出来："墓碑上写着：马赛尔·勃拉迪，1797年生，1859年卒。墓石上写着：永远怀念，勃拉迪之寡妻率子女。墓石上还嵌着一个黑十字架。"

可是后来，莫泊桑却表现出超人的能力。那时，已经又有几个孩子加入了竞赛。

神父发问："第七排第三个，无花果树下那个墓，是谁的？"

一个孩子抢着回答道："马克·贝尔纳，1783年生，1849年卒，曾任帝国军曹。"

神父追问："还有呢？"

见那孩子张口结舌答不出来，莫泊桑这才不慌不忙地答道："墓碑上面刻着两支交叉的步枪，大概是原来刻得浅，已经看不大清楚。墓石左侧用小字刻着雕刻人的名字：加斯东·布莱纳。"

欧布尔神父的说教，莫泊桑并不感兴趣，倒是他讲授的宗教教义以外的知识吸引了莫泊桑，使他懂得了许多过去不曾知晓的知识。

母亲不愿束缚莫泊桑的天性。他生性好动，常把顽皮的伙伴们召到家里来玩耍。

有好几次，他们把杯子打破了，或者把一块窗玻璃打碎了，一会又捅了新的娄子。对莫泊桑的"胡闹"早就受不了的老女仆约瑟芬连忙去向女主人告状，希望她能出来"镇压"一番。

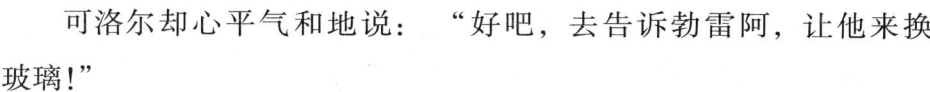

可洛尔却心平气和地说:"好吧,去告诉勃雷阿,让他来换玻璃!"

不过,莫泊桑最迷恋的是大海,最羡慕的是向大海讨生活的渔民。他经常在那个滩头流连,出海的渔船一靠岸,他就跑过去帮着系缆绳、卸渔筐、晒渔网。而他所希望的唯一报酬,就是能带他到海上去打一次鱼。

莫泊桑最喜欢那两个穷渔夫,一个叫杰诺·塔贝,他是莫泊桑的朋友来尔伯的哥哥;另一个,人们不知他姓什么,只叫他吕西安。两人共有一艘拖网渔船。

他们经常叫住莫泊桑说:"嘿,吉,明天要去补船篷,你来不来?"

莫泊桑豪爽地回答:"什么叫来不来?当然来啊!"

有一天,这两人从海上归来,提着每人应得的那份鱼向家里走去,路上遇见莫泊桑。莫泊桑看到他们都有些站立不稳,知道他们一定是喝了酒,就向他们走过去。

他蛮有兴致地问:"喂,杰诺,把你的织网针借给我用一下好吗?"

杰诺略带讪笑的口吻说:"怎么?你也想当渔老大?"

莫泊桑认真地回答说:"想试试。"

"成,渔老大。"杰诺用他那有力的手拍着吉的肩膀,"咱们先去喝一杯。"

他们来到渔市附近的一家小酒店里,杰诺一推,就把莫泊桑推进里面。那是水手和渔民们在一天劳累之后消愁解闷的地方,拥挤、肮脏,充满了粗声粗气的讨论、吵闹声。也有的扬起酒醉的声音唱歌。

杰诺刚在墙角的桌旁坐下,就一边敲着桌面一边向老板大声吆喝道:"3 杯白兰地!"吕西安则咳嗽了几声,把痰吐在地上。

穿着油渍发亮的围裙,满脸皱纹的酒店老板连忙端来 3 大杯烈性苹果酒。他见这两位常客带来的酒伴是个孩子，不免一愣。

杯子送过来，吕西安把其中之一推到莫泊桑面前，然后抓起自己的杯子，鼓动莫泊桑说："要当渔老大，就得是酒当水喝的汉子。不能和伙伴一起喝酒的，就不能当渔老大。来，干一杯！"

莫泊桑微笑着回答："说得有道理。"

两个壮年的汉子各自把面前的一大杯烧酒一饮而尽，却发现莫泊桑的那一杯放在桌上根本未动。

两个汉子故意做出惊讶的样子："怎么？渔老大，连一杯酒也没胆量喝下去吗？"

莫泊桑不等他们说下去，以极快的动作抓起酒杯，像别人一样，身子一倾，"咕嘟咕嘟"地把满杯烧酒灌进肚里。

这烧酒果真名副其实，喉咙火辣辣的，就像在燃烧，耳朵"嗡嗡"响，五脏六腑都像一起燃烧起来。泪水在他眼眶里直打转，他全身颤抖着，胸口和喉咙紧缩着，就像离开了水的鱼，张开嘴巴。他听到了周围人们的笑声。

可他到底没哭。他要做"渔老大"。

理想终于实现了。一天，他正帮吕西安刷船，亚芒·帕朗从这里走过。此人拥有3艘拖网渔船，在莫泊桑的心目中简直是个了不起的人物。

帕朗问吕西安："吕西安，明天'加油号'出海捕鲽鱼，要去吗？"

吕西安回答道："当然去。"这时，他注意到莫泊桑那满脸失望的神情。他早想带吉随自己的船去打鱼，只是他和杰诺的那艘木船又小又旧，实在不方便。

于是吕西安问帕朗："可以带一个人去吗？"

"你说的就是那个一口气吞下一大杯烧酒的娃娃吧？"帕朗一边说一边用眼睛瞟了一下吉，"可以！"

"啊，太好了！"莫泊桑兴奋得跳起来搂着吕西安的脖子，亲了一下他满是胡碴子的脸，"'加油号'万岁！"

起航的时间定在第二天凌晨3时。

莫泊桑激动得一夜未能入睡。母亲也没有合眼，她知道要束缚这匹"脱缰的小马"是无益的，唯有祈祷他平安无事。临出家门，她又让儿子喝了一杯浓浓的巧克力，因为儿子将要在清冷的海上颠簸整整一天哩！

真是天有不测风云。早晨的海上还是晴空万里，上午10时却大风骤起；11时，暴风雨肆虐的海面已变得一片晦暗。

洛尔的心比那狂翻的海面还要忐忑不安。她后悔不该把儿子放走。嘴硬心软的老女仆约瑟芬不知到海滩上去空等了多少回。

当晚该归的时候，"加油号"没有归来。第二天下午海面转晴，"加油号"还是全无踪影。一天又一天过去了，"加油号"一定是遇难了。

第六天，当人们已不再怀抱希望时，"加油号"突然出现在远方的海面上。人们奔走相告，欢呼："啊！看哪'加油号'！那不是'加油号'吗！"

洛尔跟着从一早就坐在岸边苦等的老女仆来到码头，"加油号"正好靠岸。

莫泊桑一眼就从等待的人群中认出母亲来，他扑到母亲怀里欢叫着："妈妈，妈妈！"

他好像根本没想到在这6天里母亲是多么焦虑，兴致勃勃地嚷道："妈妈，

太好了！真遗憾，要是你跟我们一块儿去该多好呀！"

洛尔的焦虑，连同她曾有过的后悔之意，顿时全消，都化作了幸福的眼泪。她不停地喃喃地说："是的，下次妈妈一定跟你一块儿去。"洛尔感激上帝让她儿子平安归来，感激上帝赐福给她的儿子。

大自然中只有3件东西是真正称得上美丽的，那就是光、空间和水。当然，在莫泊桑的心灵上留下最深刻的烙印的，还是他同艾德路塔海滨下层人民感情上的联系。

艾德路塔的渔民和水手都喜欢莫泊桑，因为他没有贵家子弟那种"少爷"脾气。有一天，母亲的一个女友在路上遇见莫泊桑同一渔家小伙伴一起，便要这小伙伴帮她拎着刚买的一大篮子菜。莫泊桑却把篮子接了过来。他不失礼貌，然而坚定地说："我们轮流帮您拎吧，夫人，而且我先拎。"

洛尔对莫泊桑这种行动从来不加干涉。干涉的时候，只是在她无论怎么说儿子都不听从的时候。从他们夫妻分开之后，她就自己教育儿子。在楼上她的房间里摆了桌子，买来必要的书，开始教导儿子。她为莫泊桑讲解课本，谈论她的老朋友、著名小说家福楼拜。

去接受正规的教育

1863年，莫泊桑年满13岁了，洛尔终于下定决心把这匹"脱缰的小马"送去接受正规教育。送到哪里去呢？对13岁的孩子来说，80英里外的鲁昂似乎太远了些。于是，母亲为他选定了50英里外的小城伊弗托的一所神学院。

莫泊桑的祖父和外祖父都不是虔诚的教徒。洛尔本人对宗教也不太信仰。但在当时，送子女到教会学校教养一段时间，乃是眷恋昔日生活方式的贵族人家的一种时髦。

于是，洛尔对莫泊桑说："欧布尔神父是非常了不起的人。不过，你必须回到学校去，因为你已经13岁了。我已经办好了进入伊弗托神学院的手续。"

莫泊桑绷起了小脸。他过惯了在大自然中自由自在的生活，没有想到还要进学校，他不知道多久才能再回到海边的生活。

而且，莫泊桑更没有想到会进神学院，神学院不是神父拿着教鞭督促学生成为祭师的地方吗？他很沮丧地说："妈妈，我可不想将来当祭师。"

洛尔耐心地对儿子解释道："当不当祭师是你的事，将来由你自己决定。不过，在这一带，好人家的孩子可上的学校也只有那里了。那里可以学到最好的学问，特别是在古典知识方面。"

莫泊桑内心遭受到巨大的打击，他为了遗忘快乐的生活即将结束而努力。那天下午，他为了让自己习惯于别离，离开大海，走向离大海相反的原野。

莫泊桑虽然满心不愿意，可他毕竟只是一匹小马。1863年10月的一天，母亲连哄带劝，到底把他送进了那所神学院。

"新生走这边！"在开学典礼上，校长致辞以后，老生退去时，一个长着酒糟鼻子、高大身材的神父命令道。

莫泊桑和十多个新生们一起提着各自的小提箱，从院子里被带到餐厅。莫泊桑两边看着，没有发现一个可以成为朋友的人。

新生被一个个叫过去接受他们的提问。莫泊桑还能勉强应付，只是在回答教义时他有几个问题答不出来。

这就是莫泊桑进校后受到的第一次待遇：先是审问，后是惩罚。

在餐厅里，贴着一幅很大的标语："严格如斯巴达，优雅如雅典。"神父们非常严密地遵守着这标语的前部。封锁在高墙和终年紧闭的大门后面的教会学校生活之"严格"，堪与实行奴隶主贵族寡头专政的古代斯巴达"媲美"。

莫泊桑从此就开始了神学院的生活。每天天不亮就得起床，去礼拜堂参加清晨5时的弥撒。即使在仲夏也冷得像严冬的冰窖，冻得浑身发抖，也不敢搓搓发红的手，或者跺跺发麻的脚。

因为神父虎视眈眈地在四周监督着，对于做弥撒时有不规矩态度的学生，动辄就罚吃青苔。

莫泊桑是最厌恶宗教活动的，这所教会学校从早到晚的礼拜活动使他感到无比的苦闷。此外，学生们做完礼拜，每天还要有固定的时间默想，默想完了还要向神父汇报自己默想的结果。

莫泊桑感觉，这种思想折磨真比肉刑还要残酷。因为小孩子无法对默想而引起的结论作详细的报告，时常因为"注意散漫"而受到惩罚。

所谓"优雅如雅典"，却纯系空话。且不说别的，古代雅典人讲究清洁是有口皆碑的。而在这所教会学校里，却只准学生一年洗3次脚。至于洗澡，就压根儿甭想！在海水里泡大的莫泊桑，真像是离了水的鱼儿一般，难以忍受。

他很少游戏，也没有伙伴，经常一连几小时思念着家，伏在床上痛哭不已。

这里也有拉丁语，随时随地有拉丁语，拉丁语散文，拉丁语祷告，拉丁语翻译和作文。如果仅从成绩通知单来看，莫泊桑的学习成绩还差强人意。入学后的第一个季度的评语是：

行为规矩，学习刻苦，性格善良温驯。开端良好，望继续努力。

一晃几个月就过去了，莫泊桑非常讨厌这种罐头般的生活。夏天来到，暑假开始时，他推开家里的门，母亲和弟弟艾尔维跑过来亲吻，那时他感到仿佛从漫长的噩梦中醒来一样。

后来就不然了。教会学校里长期禁锢的生活使他在精神上感到越来越无法忍受的痛苦。他经常头痛，有时痛得大声号叫。

可奇怪的是，只要闻到街上运肥的大车散发出的海藻气息，他的疼痛就会顿时全消。不管怎样，由于头痛，莫泊桑不时可以得到回家休养治疗的自由了。

校方赠给莫泊桑的"规矩"和"温驯"的赞词，很可能只是为了取悦学生的家长。至少从第二学年起，莫泊桑就是反抗宗教清规戒律统治的小小叛逆了。

吃饭时最讨厌的是，为养成学生"以苦为乐"的习惯，非喝一种神父们称之为"丰泉"的东西。那是一种掺有大量苦味水的饮料。

为了进行报复，莫泊桑班里的一个学生偷来食物贮藏室的钥匙，等校长和学监们都睡着了，莫泊桑和几个学生就把橱柜和酒窖洗劫一空，到房顶上饱餐痛饮，直至黎明！

第二天事发，莫泊桑勇敢地承担责任。遗憾的是校长从不开除一个出身于贵族之家的学生，而且以后各年评语也都不错。只是1868

年的成绩单略有保留地写着：

学习一般来说还令人满意，自然科学部分尚有缺陷。

这一年，当莫泊桑在假期再度回到家里时，母亲倒退着，伸长臂膀，两手抓着他的双肩，仔细地端详着说："再过几个月，你就18岁了。我简直都认不出你了。"

莫泊桑却微笑着对母亲说："妈妈，请不要告诉别人我才18岁。"

洛尔欣慰地笑了，儿子确实已经长大了。

1868年，莫泊桑最终触恼了这所教会学校的统治者。事情是这样的：莫泊桑有一个表姐，和莫泊桑的关系十分亲昵，甚至有些暧昧。这年5月，这位表姐出嫁了。

回想同表姐在一起的愉快的往事，再看眼前自己的苦修生活，莫泊桑感慨万分，并给表姐写了一首书简诗。莫泊桑毫无顾忌地把这首诗夹在他那本常置案头的《圣经》里，学监很快就发现了。

这种蔑视宗教的行为，使校长大为光火："小坏蛋，一定是魔鬼附身了！"

学校的看门人把被开除的莫泊桑送回了艾德路塔。

洛尔虚张声势地对儿子大加呵斥，可她内心里实在并不以为儿子有多大过错。在她看来，这件事与其怪儿子荒唐，莫如怪神父们虚伪。

莫泊桑看出母亲在强忍笑意，等来人走后，他扑到母亲怀里，高兴地喊着："妈妈，您真好！您简直就是天使！"

得遇良师

喜欢读书，就等于把生活中寂寞的时光换成巨大享受的时刻。

—— 莫泊桑

求学鲁昂见福楼拜

1868年，莫泊桑结束了在神学院的生活。虽然他没有兴趣学习那些神学，但学院还开设了古典文学艺术方面的课程；虽然"严格如斯巴达，优雅如雅典"的学校不尽如人意，但对莫泊桑了解和认识教会，增加个人阅历，树立文艺济世的思想具有重要意义。

不管怎样，还得继续上学。这一次，洛尔再也不敢把儿子托付给神父们去管束，决定给他选一所新派的世俗学校。于是，1868年10月，莫泊桑被送进鲁昂著名的高乃依中学。

这所学校的前身虽是一座耶稣会教士办的学堂，然而在科学技术在法国长足进步的时代，教学内容和教学方法已大大改观，相当开明了。

马车在鲁昂街道摇摇晃晃地穿过哈佛尔门，向左边转弯，沿着塞纳河的弧形街道走着。

洛尔兴奋地对儿子说："这一次，你要住在福楼拜先生附近。"

他们两人于前一天早上抵达鲁昂，在雨后秋天的下午，要去拜访福楼拜和他的母亲。为了让儿子能会见福楼拜，洛尔特地一起来到鲁昂。她说："我已经在信里把你的情况都讲明了。"

福楼拜对莫泊桑了如指掌，因为早在3年前洛尔就与福楼拜恢复了通信联系。每次给老友写信，她总免不了对这匹"脱缰的小马"的最新奇遇作专门的介绍。

由于母亲时常提起这件事，所以莫泊桑也有一种与福楼拜早已相识的感觉。

据说，福楼拜是一个奇怪的人，他在晚上写到包法利夫人自杀的场面时，自己口中也因真正感到马钱子的味道而呕吐起来，写完最后一行时，全身冷汗如雨，十分不舒服，而不得不请医生来看病。

马车在泥泞的街道前进之中，莫泊桑站起来俯视下面的塞纳河，看到拖船向空中吐出黑色的烟，并发出"吱呀"声，还看到双桅小帆船上的人影。

克洛瓦塞是第一个村庄，马车进入两旁种着树的道路。经过守门小屋后，路往下倾斜，从山毛榉、白杨、高大的榆树之间，看见了狭长而扁平的房屋。庭园微微倾斜，一直延伸到沿着塞纳河的拖船道。

两个仆人把他们带到摆着豪华家具，但空气不流通，蒙着一层灰尘，明亮而宽大的客厅。

客厅对面的门打开了，福楼拜母亲走出来，并传出一阵欢呼声："嗨，洛尔！"

洛尔也兴奋地叫起来："终于又见面了，福楼拜夫人！"

两个人互相亲吻着面颊。老夫人穿着黑色的衣服，因为年纪很大了，行动有些迟缓。

福楼拜走在后面，他宽大的肩上架着一颗硕大的头颅，长长的黄色胡须就像海盗一般。他蓝色的眼睛闪闪发亮，细细打量着这位小客人。

洛尔在来信中说："吉会使你想起阿尔弗莱德。"

是的，这小家伙长得的确像他舅舅，特别当他略略低下头来的时候，福楼拜简直要惊呼起来，仿佛亡友阿尔弗莱德就在他面前，像20年前一样。他深深地陷入了对往事的回忆之中。

莫泊桑家和福楼拜家原是世交。莫泊桑的外祖母和福楼拜的母亲做姑娘时就是好同学，结婚后她们两家都住在鲁昂，后来她们的子女也就成了亲密的朋友。

阿尔弗莱德虽比福楼拜大5岁，而且班级较高，却是福楼拜一生最知心的朋友。他们都酷爱文学。在鲁昂的《蜂鸟》小报上，阿尔弗莱德发表诗歌，福楼拜发表剧本。

那时，福楼拜的父亲任鲁昂市立医院院长，家也就住在那里。以他家为活动中心，几个年轻人形成一个小小的文学团体，成员有阿尔弗莱德·勒·普瓦特万、福楼拜、路易·布耶、洛尔·勒·普瓦特万，她的妹妹也经常来凑趣。

阿尔弗莱德是这个小团体公认的领袖。比之于福楼拜，他更潜心于对哲理的探讨，因此也是在精神上对福楼拜影响最大的一个人。

1863年，福楼拜在致洛尔的信中写道：

没有一天，我敢说几乎没有一时，我不想他。现在我认识了通常所谓这时代最聪明的人物。我用他来衡量他们，往往一比，我觉得他们好不庸碌。

福搂拜的小说《圣东安的诱惑》的第一页上就写着这样的献词：

纪念一生的挚友阿尔弗莱德·勒·普瓦特万，1848年4月3日亡于瓦塞勒。

而《包法利夫人》出版时，福楼拜在赠给亡友之母的一册上写着：

他要活着的话，这本书原该献给他。因为在我心上，他的位子空着，而热烈的友谊决不熄灭。

阿尔弗莱德的去世给福楼拜极大的打击。他永远也不会忘记自己亲手用尸布把亡友裹起来，和他最后吻别的情景。

福楼拜收回了陈旧往事，对莫泊桑嚷道："小坏蛋，竟敢写诗侮辱教会！终于被赶出神学院了吧，真是个没用的家伙！"说罢，便哈哈大笑起来。

莫泊桑先是惊魂稍定，然后也忍不住笑起来。他感觉福楼拜很亲切，丝毫没有大作家的派头，也不像在宫廷走动、与皇帝和皇后打交道的人。

只见他身体肥大，留着长长的上髭，头顶秃得厉害，下巴上少一绺胡须，也戴夹鼻眼镜。

福楼拜给莫泊桑的第一印象，就像征服者的诺曼底人，又像好战的北方海盗。再低头看到福楼拜那宽松的裤子和拖鞋，莫泊桑差点笑出来。

福楼拜注视着莫泊桑，"放心好了，不会再出乱子了。"他又转过头对洛尔说："简直和阿尔弗莱德一模一样，眼睛和下巴都一样。"

接着，他们共进午餐，一起随便谈笑着。

说起鲁昂高等中学，福楼拜说："我也在那里读过，没有比那个地方更讨厌的了，简直和军队一样。没有桌子，坐在旧得不能再旧的椅子上，左手拿着角形的旧墨水瓶，另一只手握着叫鹅笔的鸡毛笔，在膝盖上写拉丁语动词写到很晚。你马上就会尝到滋味了。"

莫泊桑大吃一惊："是这样！"但他马上就看到福楼拜脸上挂着愉快的笑容。

福楼拜笑着说："别担心，坏小子，已经和我们那个时候不一样了。因为现在是产业革命最炽烈的时候，是该幸福的时候。"

洛尔和莫泊桑母子俩告辞的时候，福楼拜在门口的台阶上紧紧握着莫泊桑的手，"小子，没事就常来玩啊！"

他们的马车走出好远了，莫泊桑还看到那个高大的身影在向他们挥着手，宽松裤子在晚风中"啪啪"作响。

莫泊桑和母亲也向福楼拜挥着手。他看到母亲脸上满是感激的神色，她说："亲切的福楼拜。"

莫泊桑却说:"好神奇的人物。"

莫泊桑好不容易跳出了教会学校的苦海。两天后,新的学期就要开始了,莫泊桑感到非常高兴。莫泊桑格外能体会这学校的优越,很快就对这里的一切发生了兴趣。

尤其使莫泊桑高兴的是,他结识了几个好伙伴:绰号"高帽子"的罗贝尔·潘松,绰号"小蓝头"的莱昂·封丹,还有亨利·布莱纳。他们不仅玩在一起,而且都爱好文学,希望将来当一名作家。

在他们当中,莫泊桑的作品最多。其实,莫泊桑从13岁入神学院那年就开始写诗了。他热衷于写诗,显然是母亲熏陶的结果。

莫泊桑从艾德路塔来到鲁昂,他的手提箱里带着厚厚的一摞诗歌手稿,闲来就读给伙伴们听。什么都能激起他的诗情:海浪、悬岩、田野、月夜……

在内地长大的伙伴们听起来,这一切既新鲜又有诗意,于是,就送给莫泊桑"诗人"的雅号。伙伴们的啧啧称赞,使莫泊桑颇感自豪。但他并不自满,他每写一首新作,总要寄给母亲评判:

> 在这首诗里我试用了一种新格律,很没有把握。不妥之处,请您一一指出,依然是越具体越好。此外,总还觉得欠缺诗意。

母亲自然用勉励来满足儿子的要求。

受布耶、福楼拜指点

一天，鲁昂中学的学监戈达尔带着学生们去野外散步归来。戈达尔学历不深，但是刻苦自修，学识甚广，很受学生们的敬重。

这天，在学生的行列中，戈达尔像往常一样认真地督率着队伍，不时提醒着："注意挺胸！"

当队伍走到学校附近的蒙赛纳街，接近转角的时候，戈达尔突然举起一只手，喊了一声："立定！"然后他脱下帽子，向迎面走来的一个男人毕恭毕敬地连连鞠了几躬。

但是，从前面走过来的，只是一个胖男人而已。

那是位佩戴着荣誉团勋章的身材高大的先生，约摸45岁，留着长而下垂的胡子，走起路来肚子前挺，脑袋后仰。等他转过脸来，莫泊桑看到，他那小小的、奇怪的鼻子上架着一副夹鼻眼镜。

莫泊桑感到莫名其妙："这人是谁？戈达尔对他如此肃然起敬？"

那个胖男人在这一瞬间显得竟有点不知所措，他匆匆地消失在最近的小路。

戈达尔一边匆忙地让大家退后，一面反复地告诉大家："这位就是路易·布耶先生。你们遇见了布耶，值得你们记住，是我们伟大的诗人路易·布耶，可以向别人夸耀，你们遇见了他。他可是一个了不起的天才！"

莫泊桑不禁惊喜得叫出声来："这就是路易·布耶！"

他听母亲说过，舅舅阿尔弗莱德·勒·普瓦特万青少年时代有两个好友，一个是当今法国文坛巨匠福楼拜，一个就是诗人和戏剧家路易·布耶。这两个人与外婆家都是世交。

母亲曾把布耶的住处告诉过莫泊桑,并说:"去拜访他,我们从很早以前就认识了。"

布耶先生现为鲁昂图书馆馆长,发表过描写衰败时期的罗马的《梅列尼斯》、试图把诗歌与现代科学结合起来的《化石》和为艺术而艺术的《花彩与环饰》等诗作。另外,他的剧作《蒙塔希夫人》和《昂布瓦兹密谋》都产生过不小的反响。

戈达尔先生站在山冈上,他昂着头,脸上容光焕发,开始朗诵布耶的诗。莫泊桑听着,心里在想:"诗句非常优美啊,那个看起来很笨拙的胖子为什么会写出这样动人的诗?"

这次意外的路遇启示了莫泊桑,他决定第二天便去拜访布耶。为此,他当晚便去买了一本《花彩与环饰》。这部富有音乐感、象征性和幻想色彩的诗集,竟一下子把他深深地吸引了。

在这之前,他分别给布耶和母亲写了信,表明了自己的想法。洛尔非常支持儿子,她觉得让儿子结识这位勤奋的诗人,会对儿子产生积极的影响,说不定将来儿子也会成为一个诗人。

同时布耶也急切地盼望与这位少年的会见,他想从这位年轻人的身上找到昔日老友阿尔弗莱德·勒·普瓦特万的影子。

第二天放学后,莫泊桑匆匆向鲁昂近郊的比欧雷街走去。那是要离开地方都市时经过的没有特色、陈旧,不知道尽头在什么地方的街道之一。他来到14号,在一座朴素的住宅前停下来,怯生生地拉了两下门旁垂持的铁环,远处响起铃声,但没有人出来。

过了好一会儿,莫泊桑才听到拖鞋慢吞吞地在地板上发出的"沓沓"声音。布耶本人开门出来迎接他。

"我……"莫泊桑嗫嚅着说不出话。他觉得自己像个傻瓜,这两天以来一直反复练习的一套话这时已经不知跑到什么地方去了。

布耶看着他,偏过头去,夹在鼻梁上的眼镜晃动着,问道:"孩子,你有什么事?"

"布耶先生，非常幸会，我是吉·德·莫泊桑。我来……"

布耶高兴地说："哦，你就是吉·德·莫泊桑？我是布耶。我好像见过你，在接到你的信以前，我已经接到你母亲的信。进来吧！"

布耶一边说着，一边伸出胖胖的手。他比莫泊桑想象中还要胖，笑起来双层下巴不停抖动，似乎把抖动一直传递到胃部，慢慢再延伸到五脏六腑。他有一张肥胖男人常有的小嘴巴，笑起来就露出两排紧密的牙齿。他把莫泊桑带进书房。

书房面积本来就不大，除了书桌和壁炉的部位，四壁都立着书架，就更显得狭小了。中间只能放下两张沙发，供人相对而坐，促膝交谈。

莫泊桑谦逊而认真地说："布耶先生，我刚刚读过您的诗集《花彩与环饰》。我正在学诗。这次就是特地拜您为师来的。"

布耶习惯地做了个鬼脸："噢！这还是第一次有人找上门来，不是借书或者办借书证，而是为了学诗。"

不过，莫泊桑从他的话音里，还是可以听出不甚得志的苦涩味。

以后莫泊桑将了解到，总有笑脸的布耶，内心实在是充满了痛苦。不过他性格坚毅，连痛苦在他身上看来也像是欢乐。

莫泊桑没有让布耶失望，他英俊的面孔、优雅的风度、谦逊的态度、汩汩的才情给布耶留下了深刻的印象。他特别珍爱这位老友的外甥。不消说，布耶收下了这个学生，他也成为莫泊桑的第一位真正意义上的文学老师。

一个星期日，他照例又到布耶的住处来聆听教诲。走进布耶的书房，比平时加倍浓厚的烟雾使他感觉异样。他走进以后才发现，原来福楼拜也在这里，他正把身体埋在扶手椅里。

布耶对莫泊桑说："可以把你的新诗读给我们听听吗？"

莫泊桑掏出一页诗稿，朗读起来。

> 当我13岁的时候，有一天，
> 我偶尔睡在仓库的角落里，
> 一阵奇异的声响把我吵醒，
> 只见仆人若望躺在草堆上，
> 把我家女佣紧紧搂在怀里。
> 于是我便同我的一位女友，
> 14岁的约娜，向他们学习。

福楼拜和布耶一边听莫泊桑朗读着他的得意之作，一边彼此交换着各种眼色，做着各种鬼脸，像一对恶劣的顽童。

到第三节结尾时，福楼拜大声地重复最后一行说："什么'吾心片片破碎'？你用这种方法表现你的感动吗？你的心像饼干一样容易折断、破碎吗？你想以这种形象使法国文学丰腴吗？好吧，继续念下去。"

莫泊桑又接着往下念，他们两个人聆听着，他们的烟斗发出更高的呼噜声。念到中间时，福楼拜又忍不住了："什么'平静深海善变如女人心'？不管哪个处女都不会发生这样的事。以海来比喻善变的女人？这样骗人，这样差劲的比喻，还自以为是独创的风格？为什么拿女人作比喻，嗯？"

他又回过头来对布耶说："布耶，你到底让他看了些什么书？这是你的罪过。这些都是现成的观念，惯用的观念！不行，要写诗的话，要写出值得一读的短短一行诗的话，非用功不可。要用功，对不对，布耶？"

莫泊桑刚刚读完，布耶立刻就有滋有味地品评起来："你这首诗，句子疙里疙瘩，像一块牛蹄筋。不过我读过更坏的诗。这一首就着这杯香槟酒，勉强还能吞下。"说罢，他端起桌上的一杯香槟酒，扬起脖子，一口吞下。

福楼拜却沉吟半晌才发表意见："你以后不难了解，我们这对单身汉并非禁欲主义者。干脆说，我甚至欣赏你的诗中所表现的那种自然的生活情趣。不过，我觉得你的诗还缺乏意境，而没有意境是不可能成为好诗的。"

稍稍停顿一下，福楼拜又加重语气说："在我看来，重要的在于提炼。还是要用功，什么叫用功，布耶大概会告诉你的。不行，还是我来说吧。布耶为了写4行诗，修改了10天，这就是用功。"

布耶接着说："而他则为了写3行诗，花费了10小时精神，而且还没有完成。"

说完，两个人交换着慈爱的眼光。

福楼拜和布耶的这番话，使莫泊桑想起母亲给他讲的一个故事。福楼拜写作极其严肃。他写那部名著《包法利夫人》时，反复琢磨，甚至每写一小段就一边弹着钢琴一边朗读，看文字的音响和谐悦耳与否。

莫泊桑由此而联想：自己昨天连夜阅读的布耶的诗集《花彩与环饰》，形式那么玲珑剔透，一定也呕尽了心血！

福楼拜接着说："如果要写作，就一定要谦虚。对不对布耶？"

布耶附和着："不错。"

福楼拜突然起身扔掉烟斗说："好了，现在该我们两个老文学家表演了，来让你这个小家伙开开眼。来吧布耶！"

布耶伸出手臂，与福楼拜挽在一起。

福楼拜对莫泊桑说："且住，我向吉说明一下。这是我的杰作，叫作'讨债的脚步'，作为青春的过失的解毒剂。"

这两个让白兰地冲得头脑微醺的老作家，兴冲冲地开始踏出可笑的滑步。福楼拜因为快乐而脸涨得通红，海盗标志的胡须随着节拍而左右摇摆。而布耶则一边迈着脚步，一边腾出工夫把眼镜推回原位。最后，他们都摔倒在沙发上，像两个玩疯了的孩子一样笑得前仰后合。

笑得累了，福楼拜又喝了两口白兰地，然后起身告辞。

布耶却说："等一下，我们一起走，顺便去圣罗马节上去参观一下热闹场景。"

每年秋天，从华基斯广场到布朗格朗广场，沿着道路展开圣罗马祭典活动。全鲁昂市的商店和摊贩都被吸引过来，手风琴、大鼓等震天响，卖洋香肠的声音、面包蛋糕的叫卖声、烤栗子的呼叫声充满了街道，还有酒醉的、吵架的女人、叫唤走失孩子的声音。

他们慢慢穿行在怪力士、五脚羊、蚤子、莫测高深的修行者、英勇无敌的摔跤手、雄辩者等嘈杂混乱中。

莫泊桑跟在被几个丑角吸引住的布耶和福楼拜后面。福楼拜的帽子歪斜着扣在脑袋上，嘴巴收紧，走起来就像个滑稽的鲁昂女人；而布耶则扭动着突出的腹部，迈着小步走动，表演痴呆汉的动作。人们都回头看着这两个大男人的嬉戏，并奇怪地望着他们身后跟着的那个浑然忘我的少年。

良师栽培健康成长

偶尔布耶也带着莫泊桑去福楼拜那里。每当布耶和莫泊桑到来,这所与世隔绝的精巧住宅就顿时热闹起来。福楼拜总忘不了向莫泊桑展示自己新近收藏的雕花烟斗。而福楼拜的高龄老母,也免不了亲自动手,给老友的外甥煮一杯浓酽的咖啡。

福楼拜不止一次对莫泊桑语重心长地说:

你应该好好地用你的时间,应该做正经事,就是写诗。你划船太多了,运动太多了。你应该常常用心作诗,分出学诗的心思去管闲事,真是太可惜了。

把你的时间奉献给诗神吧!做一个健全的人是非工作不可的,你的最大缺点就是没有工作。不明白这个,无论怎么说都是枉然的。

做一个艺术家,只有唯一的原则,就是一切都为了艺术。看,为作诗而看;听,为作诗而听;想,也为作诗而想。你也应该如此。

与此同时,布耶则鼓励莫泊桑继续努力写诗,并要求他每个礼拜天下午都要把新写的诗拿给他点评。

莫泊桑渐渐了解了布耶的人格。福楼拜告诉了他布耶不为人所知的部分:布耶的家人强迫他学医,但他不屈反抗,把财产让给两个妹妹,自己埋头写作诗和剧本。他以担任拉丁语和法语家庭老师的收入,过着清苦的生活。

而布耶也告诉了莫泊桑福楼拜的一些秘密：1840 年《诱惑》初稿完成的时候，福楼拜花了 3 年心血，像囚犯一样，专心于这本著作，然后将它交给布耶和另一个叫马克西·姆·狄·冈的人去批评。

布耶说："他把原稿丢在我的头上，以夸大的动作叫道：'假使你们狂热之余，叫唤不出来，那么，不论拿出什么都引不起你们的感动。'他预定 4 天时间让我们听他阅读，事实上正好花了这些时间。每天从中午至 16 时，20 时至午夜零时让我们听。读完最后一行时，他说：'喏，坦白将你们的想法告诉我。'我回答说：'我想，应该抛入火中，再也不必把它捡起来。'啊，那是多么残酷的事！可怜的福楼拜，他是谦虚的。"

布耶对莫泊桑重点指出：

必须找出一个主题，接着要找出可以实现这个主题的时机，非从你自己身上发现必要的力量不可。那么，假定你把握了好时机。虽然那是没有人知道的。但要知道，100 行好诗，就足够造成一个不朽的诗人了。

这两个人，通过他们淳朴而又明智的教诲，给了莫泊桑永远奋进的力量。同时，他和这两个父辈结下了深厚的友谊。

1869 年 7 月 18 日，在莫泊桑正预备大学入学资格考试的最后阶段，这时，他收到福楼拜的信：

布耶猝然死去，仅 47 岁。

莫泊桑虽然早就知道布耶生病了，但由于学校的功课繁重，从两周前就无法到比欧雷街去探望他了。

布耶英年早逝，这突然打击的分量对莫泊桑和福楼拜来说是同样沉重的。

数天后，一个阴郁闷热的早上，莫泊桑和福楼拜、邦森，以及其他许多朋友，一起经过鲁昂古老的回旋路，送布耶出殡，经过圣女贞德被焚刑的广场、马少尔街、卢治马街，沿着3个尖塔和有歌德式烙画玻璃的寺院前进。

莫泊桑失去了在诗歌道路上为自己引路的良师益友。

福楼拜当年"桃园三结义"式的知心朋友先后早逝了两人，他好不伤悲。就这样，再也没有人向他启示写作的线索，再也没有人做他的第一读者，再也没有人对他发表一针见血的评论了。

福楼拜在布耶死后不久致乔治·桑的信中，像孤鸿一样哀鸣：

我一点也不觉得需要写文章，因为从前我写，只为一个人看，如今他去世了。

所幸的是，莫泊桑和福楼拜在彼此的身上找到了慰藉；福楼拜对莫泊桑的慈父一般的友谊与日俱增。在捍卫亡友布耶身后的荣誉、为建立布耶纪念碑而奔走呼号的日子里，福楼拜同时毅然独自挑起了培育莫泊桑的担子。

福楼拜深知莫泊桑的为人，生怕他成为他父亲居斯塔夫·莫泊桑式的人物，所以总是适时鼓励和劝诱他朝好的方向发展。每当莫泊桑出现新的问题时，福楼拜总是积极引导他树立正确的人生态度，不可玩物丧志。正是在福楼拜的悉心教育下，莫泊桑坚定地走上了文艺创作的道路。

此后，莫泊桑一有时间就去看望福楼拜，福楼拜也越来越喜欢这个年轻人了。莫泊桑也坦然地把一些习作拿给他，福楼拜都高兴地读了。

福楼拜以一个长者的睿智，发现了莫泊桑的困惑，并像父亲对待儿子一样关心这位缺失父爱的小伙子。福楼拜教育他遵守创作原则和规律，注意积累创作素材，养成良好的观察习惯。

为了使莫泊桑早日上路，福楼拜还亲自为他布置作业和练习，要求莫泊桑每次外出回来必定要写出"沿途所见"，并且要突出事物的特点和重点，不能马马虎虎、敷衍了事。

待莫泊桑有了一定进步后，福楼拜又提出严格的要求：

> 不要匆匆忙忙地把这些故事写出来，也不要急于发表。重要的是去发现别人没有发现、没有写过的东西。因为在全世界没有两粒沙子、两个苍蝇、两只手或两只鼻子是绝对相同的。

然而，福楼拜对莫泊桑也不是一味地溺爱。每当他看到这个年轻人因贪玩而不务正业时，总是严厉而善意地帮助他认识自己的错误。他不厌其烦地告诫莫泊桑，做人要有原则，做事要有分寸，不能随心所欲，尤其不能懒惰感伤。

他说："应该像个坚强的男子汉那样对待自己，唯有这样才能成为一个坚强的男子汉。"

事实证明，福楼拜不仅是一位天才的作家，而且是一位卓越的导师。正是这位小说大师，因势利导，循循善诱，把莫泊桑引向小说创作的道路。

告别鲁昂赶赴巴黎

1869年7月25日,路易·布耶去世刚刚一周,莫泊桑依然沉浸在深深的哀思之中,便不得不乘上长途车,去100多英里外的康城参加中学毕业会考。

7月27日,莫泊桑在康城科学院顺利地通过了会考,获得文学学士学位,随即返回鲁昂。

因为会考既已通过,下一步就要进大学,为了儿子将来能有可靠的职业,父亲居斯塔夫和母亲洛尔已经达成一致意见,要莫泊桑去巴黎学习法律。

莫泊桑的表兄路易讨厌法律,他劝告莫泊桑绝对不要答应。但这事早在很久以前父母就已经说定了。

非学法律不可,布耶的死带来的悲哀,必须离开艾德路塔的无奈,这一切,都随着对世界中心、大都市巴黎的憧憬而慢慢变淡了。这样,莫泊桑在鲁昂与文学大师福楼拜常相聚首的日子就不多了。

他似乎决心在入学前的短短时间里迅速变成一个诗人似的,回到鲁昂以后,几乎无时不在写诗,没有一天不产生新的诗作。

不论莫泊桑的诗作如何多产,福楼拜总是耐心地替他一一评析。

"你给我带来的这些作品,证明你是聪明的。但是,年轻的吉啊,不要忘记,用布耶的话说,才华无非是长久的耐心。用功吧!"

"'夜莺在近处的森林中歌唱,鹌鹑在远远的平原上和鸣。'你还这么年轻,而你的诗至少有50岁!从用功做起吧!"

但是,每当莫泊桑的习作中出现哪怕一个精彩的字词,福楼拜也给以称赞。但总的来说,福楼拜并不欣赏他的诗作。可是,在确信莫泊桑缺乏诗才之前,他不会轻率地下结论断送掉孩子的诗作之路。所以,他一再热忱地鼓励莫泊桑:用功,用功,再用功。

两个月时间转瞬即逝,10月大学即将开学,莫泊桑这才离开鲁昂,离开福楼拜,匆匆去艾德路塔向母亲告别。

离开鲁昂前不久,莫泊桑把一首小诗献给福楼拜,年轻的弟子对他所崇敬的导师的眷恋之情,跃然纸上:

请看那燕子飞去了,
它拍打着双翅远去。
但这忠实的鸟儿,总要飞回老巢,
当冬日的严寒过去。
任兴致所至的人呀,
过着浪迹四海的生涯。
但他永远怀念着故土,
那里遗留着他的童年和祖先的尸骨。
当他感到岁月冻结了他遨游的浓兴,
他会悔恨,倘若明智些,
会重返故乡寻觅恬静幸福的时光。

莫泊桑就这样依依不舍地离开了克鲁瓦塞。福楼拜一直送他到栅门外的公路边。临别时他们再三相许要尽早再见。为聆听自己敬慕的大师的教诲,莫泊桑决不畏惧长途奔波之苦到克鲁瓦塞。同时,福楼拜在巴黎有一处寓所,

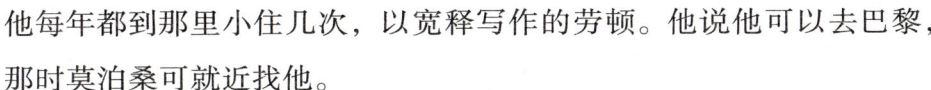

他每年都到那里小住几次，以宽释写作的劳顿。他说他可以去巴黎，那时莫泊桑可就近找他。

莫泊桑现在来到了这个世界中心的中央，从吉姆纳兹穿过彭奴威大路到马德伦寺院，一般称为"普鲁华尔"，具有不可思议的魅力，是个名闻遐迩的地方。

大蛋白颜色的球体中闪光的煤气灯吹动长长树枝的微风，从路上发出的吵闹声、大时钟的钟声、口哨声、奏着耳熟曲调的风琴声，流动商的叫卖声，路上阔步而行的脚步声，这一切都是大都市不间歇的无形大流动。

1869年10月，莫泊桑开始了在巴黎法学院的学习生活。他住在蒙赛街2号楼下的一个小房间里。父亲的住宅也在这座楼上。

18时，是普鲁华尔每晚醒来的时候。

莫泊桑显得很兴奋，巴黎，啊！巴黎，这是怎样一个大都市啊？！不论看到什么，听到什么都不觉得枯燥乏味。黑色与黄色出租马车垂挂着车篷气派地走着，与它们擦身而过的是那些坐着红男绿女的专用的公共马车。

有专卖皇帝御用品的大安店，有最新流行商品的吉尔店，以及普鲁华尔人视同裤子般不可缺少的制作手杖的魏尔雷店等，一直到22时仍然顾客盈门。

杜依尔丽皇宫的窗子整晚都亮着，皇宫里灯火辉煌，因为皇帝与皇后几乎每晚都举行豪华的舞会。据说，巴黎从前并没有这样喜气洋洋。在奥斯曼男爵手下，中世纪时代污秽的地区一扫而尽，漂亮宽阔的道路从市区纵穿而过。

而在这个阶段，莫泊桑出生时还在策划之中的第二帝国，已经到了它统治的末期。由拿破仑的侄子路易·波拿巴于1852年通过政变建立的法兰西第二帝国，有过它表面繁荣的时期。其间，法国基本上完成了工业革命，科技、工交、城市建设等部门都取得长足的进步。

但"辉煌"的外表掩盖不了第二帝国统治下劳动人民极端贫困化的事实。而19世纪60年代末70年代初的第二帝国，正如马克思在《法兰西内战》中指出的：

<blockquote>在用欺诈和犯罪手段获得财物并荒淫无度地加以挥霍这一情景对照下，民众之贫困显得特别刺目。</blockquote>

法科大学生莫泊桑固然要啃书本，结合以往的案例研讨法律条文，但在这极度腐败的社会里，现实生活形形色色的罪恶事件层出不穷，也必然引起他的兴趣。他刚到巴黎，所有的人都在谈论司机特罗普曼残杀一对农民夫妇和他们的5个孩子的案件。

12月30日，法庭宣判特罗普曼死刑，这个凶手竟还"风度翩翩"地向旁听者鞠躬致敬。

紧接着，1870年1月10日又发生了皇帝的堂弟皮埃尔·波拿巴亲王打死《马赛曲报》记者维克托·亚华尔的事件。在公众的压力下，皇帝不得不把这位亲王关进了监狱。

战争旋涡

> 只要有一种无穷的自信充满了心灵,再凭着坚强的意志和独立不羁的才智,总有一天会成功的。
>
> ——莫泊桑

亲身经历普法战争

时光荏苒，莫泊桑来到巴黎已经好几个月了。他已经适应了巴黎这种流光溢彩的生活。他既看到了它的繁华，也见识了它的奢靡和堕落。

然而，同法国广大人民一样，莫泊桑当时最关注的，还是普鲁士和法国之间日趋紧张的事态。

自1866年以来，为夺取欧洲大陆的霸权，普鲁士与法国的关系就不断恶化。19世纪六七十年代，国内人民对第二帝国反动统治的不满情绪，已经达到空前的高涨，拿破仑三世在俾斯麦的挑动下，更迫不及待地要和普鲁士开战，以便借对普的军事胜利，来巩固他那摇摇欲坠的皇位。

当时，法国陆军大臣气壮如牛地宣称，法国军队"连最后一个士兵护腿上的最后一颗纽扣都准备好了"，一旦开战，法国立刻能动员起"60万精兵"。

尽管第二帝国事实上对战争根本未做认真的准备，拿破仑三世还是在1870年7月19日鲁莽地对普鲁士宣战了。

这时，将满20岁的莫泊桑也与所有适龄青年一样，就在这充满战争狂热的7月，在拿破仑三世为招募"60万精兵"而掀起的征兵运动的最初日子里，他被征召入伍。

起初，他和大批同年龄的所谓"70级士兵"先被集中到巴黎东面的万森要塞受训。在那里经过简单的考核，他随即被派往驻扎在鲁昂的勒阿弗尔军区第二师，成为该师后勤处的一名文书。

莫泊桑所在的部队虽然驻守在二线。但鲁昂离法国东北部与普鲁士接壤的地区并不太远。焦灼不安的鲁昂军民，很快就可以得悉前线的战况。

8月2日，战争正式打响了。最初几战，法军在士气、装备和指挥方面的弱点就暴露无遗，普鲁士军队占尽上风。8月中旬，前线法军的全部主力被分割为两部分：由巴赞将军率领的一部分被围在麦茨；由拿破仑三世和麦克马洪元帅率领的一部分被围在色当。

不仅如此，普军完成包围以后并不耽搁，他们直捣法国腹地，向内地长驱直入，所向披靡；而法军则节节败退，兵败如山倒。

面对汹涌而来、所向披靡的敌军，莫泊桑所在的部队也的确投入了"战争行动"。于是，莫泊桑深切地感受了法国溃败的全过程。

那是多么滑稽的"战争行动"啊！它充分显露出法军的混乱状态。莫泊桑所在的部队受命去构筑一道防线，第二天却又莫名其妙地放弃了刚挖好的战壕。

还有一次，他们奉命去一座森林狙击敌人，到那里却发现那森林早在5年前已被砍伐光了。

另一次，他们接到紧急命令，冒着倾盆大雨行军10英里切断一支敌军，结果这命令竟是一种讹传！

面对势不可当的普鲁士军队，莫泊桑深深地感到了法军战争之初"气壮如牛"的可笑。他看到法军官兵的种种滑稽戏：一会儿是信心百倍的进攻宣传，一会儿又是节节败退的撤退沮丧；一会儿是确凿的军事情报，一会儿又是毫无根据的讹传；一会儿是大军胜利的捷报，一会儿又是溃不成军的惨象和狼狈。

不久，莫泊桑所在的部队便被卷入大溃退的洪流，而莫泊桑也奉命送一封公函去勒阿弗尔市，脱离了自己的部队，加入了散兵游勇的行列。每到一处，他都不得不目睹法国军队的惨痛失败。

在这战争史上罕见的大溃退中，莫泊桑沿途所见的部队已溃不成军。那狼狈的景象令他永生难忘。莫泊桑后来写道：

> 这简直是一支人的巨流。后浪推前浪，所经之处，都泛起人们偷食农作物之后遗留下的泡沫。我经常可以看到一个年轻的国民别动队士兵，因为鞋子把脚磨得太痛了，便脱下鞋子赤脚行走，每走一步留下一个血印。

不光是饥渴和艰苦，更致命的威胁是敌人的炮火。溃败的法军拼命地逃奔，越战越凶猛的普军紧追不舍。莫泊桑甚至可以感觉到这些"猛兽"喷射到后背的"鼻息"。

配备精良的普鲁士军队的炮弹，像长了眼睛似的不时在法军人群中开花。而法军却只有粗糙的步枪，而且抵抗毫无生气，子弹不是"哑火"，就是最多也只能飞出100米就跌落尘埃，伤不了敌人的毫毛。大批的士兵惨死在普军的刀枪下，老百姓在哀怨和流血中忍受。

莫泊桑气得直打哆嗦。他并不怕死，但是这样毫无还手之力地死去，实在太可悲了。他恨透了那些把自己的士兵置于如此狼狈境地的当权者。

莫泊桑日夜兼程，徒步奔走60英里，一路上，他险些被神出鬼没的敌军士兵俘虏。总算到了勒阿弗尔，把公函送到了参谋部。他这才拖着疲惫的身子，找到一所被人遗弃的半毁的仓房，稍事休息。

莫泊桑想到，母亲一定在为他的生命担忧，必须马上写一封"平安"家书。于是他

强打精神提笔向母亲报告：

> 我和我们溃退的军队一起逃了出来。若不是生着两条飞毛腿，我就被俘了。

战争全局的事态发展也证明，莫泊桑对战争前途的估计，实在是一种幻想。

9月2日，被围在色当的法国军队投降了，连拿破仑三世也成了普鲁士人的俘虏。

色当投降的消息传到巴黎，愤怒的人民于9月4日起义推翻了第二帝国政府，宣布成立共和国。

可是，资产阶级代表攫取大权，组成了所谓国防政府。这"国防"政府并不认真进行国防。9月18日，普鲁士人占领了巴黎西南的凡尔赛，并且很快就完成了对整个巴黎的包围。从这天起，巴黎就处于敌人的炮火之下。

当拿破仑三世神气十足地向普鲁士宣战时，莫泊桑像许多法国人一样，对此甚为反感。他曾对巴黎街头那些高喊"打到柏林去"的战争狂热者嗤之以鼻。

可是，一个多月来，形势发生了多大的变化啊！现在的问题是：普鲁士军队的铁蹄正蹂躏法兰西的大片领土，数百万法国人正身受水深火热之灾。

莫泊桑毕竟是一个法国人，面对普鲁士的铁蹄和蹂躏，他年轻的胸中燃烧起对祖国人民的热爱和对深入国土的侵略者仇恨的火焰。当整个诺曼底迅速沦陷之际，莫泊桑既无可奈何，也不甘做降兵。

9月下旬，普鲁士的大军正向巴黎推进。

这时，莫泊桑还幻想法国政府会使战争出现转机，又千里迢迢从勒阿弗尔赶到巴黎，驻守在东郊的万森要塞，渴望在保卫祖国心脏的战斗中尽一个子民的神圣职责,哪怕喋血沙场。

莫泊桑在农民家过了一夜,然后往巴黎的路上而去。郊外的道路到处都是残兵和市民,城市也充满着有篷无篷的马车、马匹和马粮,牛群羊群则围在树荫下的栅栏内。

莫泊桑来到皇后路。数周前,这里还是富贵显要、轻佻的妓女和酒醉的浑蛋们的汇集地,如今却是死寂一片。皇后路尽头筑起要塞,现在已经成为巴黎的边境了。

居斯塔夫得知莫泊桑回到巴黎,很为儿子担心:"你在诺曼底不是领教过普鲁士人的厉害吗?为什么又不顾死活地跑回这里来?"

莫泊桑则干脆地回答父亲说:"诺曼底并没有发生过真正的战争,那里不需要我。而这里将会有一场恶战。"

居斯塔夫建议儿子:"普鲁士人进攻巴黎,你这里首当其冲。我还是帮你调到巴黎市内的后勤部门工作吧!"

莫泊桑悲壮地回答:"没人作战,后勤工作还有何用?!"

父亲叮嘱道:"那么,普鲁士人的炮火不停,你可千万不要走出工事。"

莫泊桑觉得父亲的叮嘱实在可笑,便说:"如果只考虑个人的生命,我最好去要求去把守一个下水道出口!"

可惜的是,法国政府没有给莫泊桑及全体法国人民一个圆梦的机会,10月27日,巴赞元帅竟率兵17.3万人向普军投降,以便保存实力,镇压武装的工人。莫泊桑关于政府军在巴黎决一死战而赢得胜利的幻想彻底破灭了。

战争后期不屈抗争

接下来数月之间,是超乎人们想象的攻击战。

这对莫泊桑来说又是事与愿违。为了保卫首都,巴黎工人纷纷武装起来,资产阶级的"国防"政府却感到这是对本阶级统治的莫大威胁,千方百计给以阻挠。

正如马克思所说:

在民族利益与阶级利益两者发生矛盾的时候,它没有片刻犹豫便把自己变成了卖国政府。

12月10日,莫泊桑又使用了在伊弗托神学院时经常假装头痛生病的手段,终于获准回乡探亲。在小城艾德路塔,他深受下层人民面对强敌同仇敌忾的爱国情绪的感染,重又热血沸腾。

艾德路塔这时虽已沦陷。但是这里的居民绝大多数是渔民和水手,这些皮肤黝黑、满手老茧的下等人,对入侵者可不像贵族资产者那样温文尔雅。因此,在他们的顽强抵抗下,入侵者通常都吓得龟缩在郊外的军营里。

可是,就在莫泊桑回来后不久的一天,一个全副武装的普鲁士军官斗胆独自闯进城来,在街道上肆无忌惮地闲逛。这可气坏了艾德路塔的百姓。而尤其令人不能容忍的是,竟然有几个艾德路塔的上层人物不以为耻地同这个入侵者攀谈。

莫泊桑和好几个渔民、水手立刻去找市长马丹·瓦提奈尔,对此表示抗议。

头戴红色软帽、足蹬长筒皮靴的瓦提奈尔市长一下子就从人群中认出莫泊桑来，他惊喜地说："啊，您不是莫泊桑先生吗？"

等听明白莫泊桑他们的来意后，瓦提奈尔又无奈地说："诸位的爱国感情虽然令人敬佩，但是，如果要人们不同德国人讲话，当初就不该把德国人放过边境来。既然事已如此，倒还是不要惹恼德国人为好，尽量少惹些麻烦吧！"

瓦提奈尔先生也是靠海吃饭的，不同的是他有几艘船，属于有产阶级。他这番话正是代表了有产者的普遍见解。在这国难当头的时刻，与无产者相比，在有产者的良心天平上，"私"字一头重些。这原也是自然的，所以瓦提奈尔先生说得那样理直气壮。

莫泊桑气得涨红了脸，一时不知如何驳斥对方才好，只是用力地咬着嘴唇。

但莫泊桑咽不下这口气。第二天天不亮，他就抄起自己心爱的莱福舍猎枪，同几个前一天也曾参加抗议行动的硬汉子一起去了郊外的树林。

当时，莱福舍猎枪已经成为游击战士得心应手的武器。可以设想，如果莫泊桑手持这种猎枪在林中被敌人的巡逻队发现，冲突就在所难免了，他将会面临很大的危险。

但莫泊桑一心只想着惩罚在法兰西国土上耀武扬威的入侵者，早已把自己的生命安危置之度外。

雪后的林中，一片寂寥，看不到人影，连飞鸟也少，只有一片片积雪偶尔从枝头落下，撒下一道道朦胧的白雾。莫泊桑在积雪掩盖了小径的林中步履艰难地东奔西突，只有偶尔传来零星的枪声，他才停步倾听。

"这是哪里传来的枪声？是某个孤胆的游击战士在狙击敌军？还是敌人处决了一名同胞？"他寻思着，不得其果，便又开始寻找自己的目标。

一个小时又一个小时过去了，已过中午，也没有看到一个人影。他又饥又寒。

突然，远处传来有人笨重地踏在雪地上的"噗噗"声。

一个同伴拉响枪栓，大声喝问道："什么人？再不出来开枪了！"

莫泊桑目光敏锐，他连忙制止住这个同伴："别开枪，好像是个女人！"

那同伴又喊道："马上走过来！"

一个妇女拨开树枝，脚步蹒跚，吃力地踏着积雪走过来。

原来是位老妇人，她说："这么说，现在人们都是这样迎接自己人的喽！"

莫泊桑惊叫一声："我的天哪，是约瑟芬！"他这才认出，来者是自己家的老女仆。

是约瑟芬把莫泊桑从小带大的，她责备道："你以为找到你容易吗，简直就是大海捞针！我四处找你，都有两个多钟头啦。谢天谢地，终于还是找到你啦，我的吉！我说，你能不能把我的篮子接过去呀，重死了！这里面的东西都是给你的，烤鸡、火腿、烤羊腿，我连你爱吃的辣芥末也带来了！"

莫泊桑心头一热，禁不住热泪滚滚而下。这热泪满含着对亲人的感激，也满含着一个无能为力的战士的羞愧。

更令莫泊桑愤慨的是，"国防"政府为了解除巴黎的工人武装，镇压爱国人民，加快了卖国投降的步伐。

到了1月26日星期四，巴黎被包围后第130天，普鲁士的炮声终于沉寂下来。人们跑出了街道，群众之中波浪般喊出一个声音："投降了！投降了！一切都完了！"

1月28日，"国防"政府同普鲁士签订停战协定，答应解散正规军，缴付两亿法郎赔款。

2月26日，梯也尔在凡尔赛和普鲁士签订了和约草案，答应缴付50亿法郎赔款，并将阿尔萨斯全省和洛林省的一部分割让给普鲁士。普法战争以法国的丧权辱国结束了。

莫泊桑就这样匆匆地经历了普法战争的旋涡。严格地说，他还没有进行过同敌人的正面交锋，战争就结束了。他既未亲手杀伤过一个普鲁士人，自己的身上也未留下普鲁士人的弹痕。

但这并不妨碍莫泊桑深刻地体察和认识这场战争。他后来憎恶地感叹道：

战争，我们看见过战争。我们看见人类重新又变得粗野、疯狂，为了取乐、出于恐惧、为了逞凶、为了自我炫耀而杀人。于是权利不复存在，法律已经死亡，正义的概念消失净尽。我们看见枪杀路上抓到的无辜者，这些人之所以可疑，只因他们害怕。

我们看见为了试试新手枪而枪杀拴在主人门前的狗。我们看见为了取乐而扫射卧在田野里的母牛，而这样做是毫无缘由的，仅仅为了开枪而开枪。

这主要指的是外强中干的法国军人。

莫泊桑也毫不留情地谴责侵略者：

进入一个国家，屠杀保卫自己家园的人，烧毁没有面包的可怜的住房，砸毁或盗走家具，喝光地窖中找到的酒，奸淫街道上找到的妇女，把数百万法郎焚为灰烬，只在身后留下苦难和瘟疫。

有位历史学家严正地指出：

在这次普法战争中，在备受侵凌的法国一方，发起抵抗的不是司令部而是人民。

最令莫泊桑永志不忘的，正是他耳闻目睹的许多普通法国人奋勇抗敌的英雄事迹。

在诺曼底北部的一个农村里，一位忠厚的老农被普军处死了。这个老农本来代表本村负责安置普军的工作，待他们十分殷勤，深得信任。谁知他每到夜间就化装成普军骑兵，趁普军不备而突然袭击之，每夜必杀几个敌人。只是由于他在最后一次袭击中，脸上被砍了一刀，这才暴露真相。

一个50来岁性格倔强的法国农妇，家里住着几个普军士兵，他们视她如孝子，她也待他们似亲人。可是一天，她接到来信，说她参军作战的儿子被普鲁士的炮弹炸成了两段。为了替儿子报仇，当晚，她就巧设计谋，把几个普军士兵活活烧死在阁楼中。

在鲁昂附近的一个城堡里，一群普鲁士军官为了发泄兽欲，找来几个法国妓女。这些操皮肉生意的下贱女子可以用肉体侍奉敌人，却不能容忍他们侮辱自己的祖国。其中一个妓女出其不意，刺杀一名大放厥词的敌军官，然后逃进一座教堂的钟楼，一直躲藏到普军撤离法国。

普法战争是日后莫泊桑在小说中着力开掘的一个重要题材。在他的笔下，有揭露法军腐败无能和普军惨无人道的力透纸背的佳品，更有讴歌人民抗敌斗争的脍炙人口的华章。

用文学来记录战争

普法战争，那只是历史短短的一瞬，可它却给莫泊桑的生活和创作打下了深深的烙印。他痛恨战争，痛恨战争给人民带来的灾难，他用自己的笔表达了对战争的理解与评估。法国人民在战争中表现出的英雄行为和爱国热忱他永志不忘。

其中，普法战争给莫泊桑的"战争恩惠"，就是两部力作《米龙老爹》和《两个朋友》。

普法战争爆发，法国领土大部分处在普鲁士军队的铁蹄之下，面对普军的蹂躏，上层统治阶级或通敌媚外，或苟且偷生；而广大下层人民却站出来与侵略者进行殊死斗争，表现了可歌可泣的爱国主义精神。有感于此，莫泊桑满怀激情地写下了许多讴歌下层人民英勇杀敌的维护民族尊严的短篇小说，《米龙老爹》即是其中的一篇。

在这里，莫泊桑描述了一个普通法国农民孤胆杀敌的故事，成功地塑造了米龙老爹这一光彩照人的爱国者形象。小说是写儿子对父亲的回忆，采取倒叙的形式。

小说的开始，是引题写现实场景。作者先描写了一幅法国诺曼底田园风光，由远及近地推出了一派农家乐的场景。

一个月以来，烈日在田地上展开了炙人的火焰。喜笑颜开的生活都在这种火雨下面出现了，绿油油的田野一望无际，蔚蓝的天色一直和地平线相接。

那些在平原上四处散布的诺曼底省的田庄，在远处看来像是一些围在细而长的山毛榉树的圈子里的小树林子。然而走到跟前，等到有人打开了天井边的那扇被虫蛀坏的栅栏门，却自信是看见了一个广阔无边的花园，因为所有那些像农夫的躯体一样骨干嶙峋的古老苹果树正都开着花。

乌黑钩曲的老树干在天井里排列成行，在天空之下展开它们那些雪白而且粉红的光彩照人的圆顶。花的香气和敞开的马房里的浓厚气味以及正在发酵的兽肥的蒸汽混在一块儿，兽肥的上面歇满了成群的母鸡。

接着写主人在午餐时面对着葡萄藤，触景生情，想起了自己的父亲——当年在这块土地上牺牲的米龙老爹。

这段文字看似闲笔，其实内在的意义十分丰富。他将现实和平安乐的生活和沦陷时代腥风血雨的年月作了对比，暗寓着幸存者和后代对壮烈牺牲的米龙老爹的怀念之情。

他说："老爹这枝葡萄，今年发芽的时候并不迟，也许可以结果子了。"

妇人也回过头来端详，却一个字也不说。

那枝葡萄，正种在老爹从前被人枪杀的地方。

接下来，笔墨追忆到往昔，写普鲁士侵略者对米龙老爹由夸奖、信任到怀疑，再到逮捕、审问的发展过程，和米龙老爹对自己的所作所为供认不讳。普军占领这块土地后，受到了米龙老爹的殷勤的款待和安置，致使他们对米龙老爹"除了夸奖之外真没有一句闲话"，但不久十多名普鲁士骑兵相继失踪和毙命，侵略者开始对每一个法兰西人心存戒备。

米龙老爹终因脸上出现刀痕而被逮捕。普军团长亲自审问米龙老爹，初看起来不过是想从这老农夫这里找到破案的线索，抓到凶手，没料想到这个一直殷勤款待他们的矮瘦的老人竟一口承认自己就是谋杀掉大量普军的人，只是最后一次失手，脸上被砍伤才使他被逮捕。

米龙老爹用他那种乡下人发呆的神气安闲自在地待着，双眼如同向他那个教区的神父说话似的低着没有抬起来。唯一可以看出他心里慌张的，就是他如同喉管完全被人扼住了一般，显而易见地在那儿不断地咽口水。

而莫泊桑接下来描述的是米龙老爹的口供，写他复仇的心理和他毙杀普鲁士骑兵的经过。重点写他第一次得手的细节和最后一次的不幸败露。普军做梦也没有料到，就是这样一个外表愚钝的乡下老头，竟先后杀死了 16 个普军骑兵。这一部分着力刻画老人的勇敢和机智。

我记得那是某一天夜晚，你们到这里来的第二天夜晚，我当时想到：他们就是接连再来一百个，我一样要向他们讨回来。并且那时候我心上还有别样的盘算，等会儿我再对您说。我望见了你们有一个骑兵坐在我的仓房后面的壕沟边抽烟斗。我取下了我的镰刀，蹑着脚从后面掩过去，使他听不见一点声音。蓦地一下，只有一下，我就如同割下一把小麦似的割下了他的脑袋，他当时连说一下"喔"的工夫都没有。您只需在水荡里去寻，您就会发现他和一块顶住栅栏门的石头一齐装在一只装煤的口袋里。

干了这次谋杀敌兵的勾当，心里就存着这个观念："杀些普鲁士人吧！"

等了几天。

普军听凭他自由来去，随意出入，因为他对于战胜者的退让是用很多的服从和殷勤态度表示的，他并且由于和普兵常有往来学会了几句必要的德国话。现在，他每天傍晚总看见有些传令兵出发，他听明白那些骑兵要去的村落名称以后，就在某一个夜晚出门了。

等到相隔不过十来步，米龙老爹就横在大路上像受了伤似地爬着走，一面用德国话喊着："救命呀！救命呀！"骑兵勒住了马，看明那是一个失了坐骑的德国兵，以为他是受了伤的，于是滚鞍下马，毫不疑虑地走近前来。他刚刚俯着身躯去看这个素不认识的人，肚皮当中却吃了米龙老爹的马刀的弯弯儿的长刃。他倒下来了，立刻死了，最后仅仅颤抖着挣扎了几下。

于是这个诺曼底人感到一种老农式的无声快乐因而心花怒放了，自己站起来了，并且为了闹着玩儿又割断了那尸首的头颈。随后他把尸首拖到壕沟边就扔在那里面。

一小时以后，他又看见两个归营的骑兵并辔而来。他一直对准他们赶过去，又用德国话喊着："救人！救人！"那两个普兵看明了军服，让他走近前来，绝没有一点疑忌。于是他像弹丸一般在他们两人之间溜过去，一马刀一手枪，同时干翻了他们两个人。

他有4天没有出门，等候那场业已开始侦查的公案的结束。但是，第五天，他又出去了，并且又用相同的计谋杀了两个普兵。从此他不再住手了，每天夜晚，他总逛到外面去找机会，骑着马在月光下面驰过荒废无人的田地，时而在这里，时而在那里，如同一个迷路的德国骑兵，一个专门猎取人头的猎人似的，杀过了一些普鲁士人。

每次，工作完了以后，这个年老的骑士任凭那些尸首横在大路上，自己却回到了石灰窑，藏起了自己的坐骑和军服。

但是，被审的前一天，那两个被他袭击的人，其中有一个有了戒备，并且在乡下老翁的脸上割了一刀。

小说最后，又回到了审问现场，写米龙老爹慷慨就义。他坦然地交代了自己复仇的动机，拒绝了求生的可能，啐了普军团长一口唾沫后壮烈牺牲。

那团长抚弄着自己的髭须，向他问："您再没有旁的话要说吗？"

"没有。再也没有，账算清了：我一共杀了16个，一个不多，一个不少。"

老翁挺起了关节不良的脊梁，并且用一种谦逊的英雄姿态在胸前叉起了两只胳膊。

他终于鼓起了他的胸膛，向那普鲁士人劈面唾了一些唾沫。

团长呆了，扬起一只手，而那汉子又向他脸上唾了第二次。

所有的军官都站起了，并且同时喊出了好些道命令。

不到一分钟，那个始终安闲自在的老翁被人推到了墙边，那时候他才向着他的长子约翰、他的儿媳妇和他的两个孙子微笑了一阵，他们都惶惑万分地望着他，他终于立刻被人枪决了。

莫泊桑在《米龙老爹》中，成功地塑造了法国农民米龙老爹的英雄形象。他把老人的性格特征概括为三个方面：

首先，爱国主义的复仇思想。普鲁士军队侵占了米龙老爹的田庄，抢劫了他的草料与牛羊，他决心要向侵略者讨回来；同时普军以

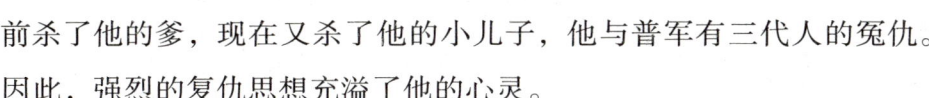

前杀了他的爹,现在又杀了他的小儿子,他与普军有三代人的冤仇。因此,强烈的复仇思想充溢了他的心灵。

米龙老爹本来是一个安分守己的农民,但侵略者的霸道与残酷使他忍无可忍,于是采取了以命抵命的复仇行动。这是一种朴素的农民式的爱国主义思想。

其次,是老人机智、勇敢的品格。米龙老爹的机智表现在对敌人的憎恨不露声色,平日里他竭力款待他们,对敌人"始终是殷勤的",换得敌人对他的信任;在复仇中,他以计取胜,以伪装的形式诱骗敌人,从而将其杀死。米龙老爹的勇敢表现在孤胆杀敌,他已是68岁的老人,却敢于跟全副武装的敌人搏斗。

最后,也是最重要的,是他那种视死如归、大义凛然的精神。他被捕后神色安详、毫无惧色,当敌军团长提出留他性命的条件时,他"绝不细听",向敌人劈面吐了一口唾沫。

在临刑时,他"始终安闲自在",并向儿孙"送了一阵微笑"。这种视死如归、大义凛然的精神,表现了"可杀不可辱"的民族气节。

而《两个朋友》也是莫泊桑的优秀作品之一,讲述了法国被围时期,两个平民百姓出城钓鱼,被普鲁士人捉住,逼迫他们说出进城的口令。两个人顶住了一切威逼利诱,最后被杀。

小说中,莫里索先生和索瓦什先生是最普通不过的法国人,他们曾经拥有惬意的生活,每到星期天,都要到玛朗特岛钓鱼。

自从普鲁士侵入以后,他们再也没有钓鱼的心情和兴致,唯有愤怒、怨恨和无可奈何。

这一天,两人聚在一起借酒浇愁。不一会儿,便都有了几分醉意。酒壮人胆,迷蒙中两人有了钓鱼去的想法。

偏巧,索瓦什认识驻守在哥隆布村的法国兵前哨团长,得到了一张通行证。于是他们进入了被放弃的哥隆布村,村子里到处是荒凉和死寂，村对面驻扎着敌人。

面对荒废的村庄和恐怖的环境，两个朋友赶忙钻进了芦苇丛。

这时，他们的酒也醒了，这才意识到危险。可已经来了，望着身边的湖水和水下的游鱼，他们怎么也耐不住钓欲，于是，架上鱼竿钓了起来。

一条条鱼钓上来了，一阵甜美的欢乐透过了他们的心田。这种被剥夺很久的欢乐，使他们忘记了周围的一切。

突然间响起了炮声，敌人用炮弹摧毁法国的村庄和建筑。两个朋友十分愤慨，谴责着法西斯的暴行。就在他们愤恨之极时，猛地听到了脚步声，回头一看，4个敌人正端着枪走近他们。

"你们一定知道回去的口令，告诉我们就放了你们，否则，就别怪我们不客气，听到了没有？"

两个朋友脸色苍白地站在普鲁士军官面前，他们谁也没开口，只是一声不响地站在那儿，望着祖国的山山水水。

敌军官发出了命令，12名大兵托起了他们的枪。莫里索望着盛满活鱼的网袋，泪水盈眶，他结结巴巴地和自己的朋友索瓦什道别。

枪声过后，两位朋友依偎在血泊之中。他们从容而光彩地走了。

莫泊桑既是战争中的普通一兵，又是记录战争的行家里手。莫泊桑不会忘记，在这场战争中法国人民付出了高昂的代价。

人民感激他，是他创作了可歌可泣的英雄形象；是他深刻地反映了普法战争给人民带来的深重灾难；是他控诉了普鲁士的侵略罪行；是他真实地表现了战争中法国人民同仇敌忾的斗争精神和爱国热情。

工作生涯

　　作家的伟大就在于把一个人人都能想到的故事，以人人都想不到的手法表现出来。

——莫泊桑

脱掉军装初入职场

为拯救濒于灭亡的祖国，为创造一个美好的社会，巴黎人民于1871年3月18日揭竿而起，举行了巴黎公社革命；经过72天可歌可泣的斗争，写下了法国历史上最壮丽的一章。

法国资产阶级政府在战争中的软弱和无能，给莫泊桑留下了深刻的印象。他看透了政府的"作为"和空虚，他再也不愿意欺骗自己，再也不想成为喋血沙场的英雄了。

在整个公社革命期间，巴黎没留下莫泊桑的丝毫踪迹。他这一时期一直待在艾德路塔，多次出现在女歌唱家德拉格利埃尔夫人身旁。

不过，巴黎公社和凡尔赛资产阶级政权之间的大规模流血的阶级搏斗，牵动了所有法国人的心。莫泊桑对此也深感痛心，他要回家，他要摆脱噩梦般的军旅生活。

1871年7月，莫泊桑又回到巴黎。军队在普法战争中的无能早已令他痛心疾首；军队在镇压巴黎公社时表现的凶残，更使莫泊桑深感厌恶。按照即将通过的新兵役法，他还得再去炮兵部队服役7年，他再也无法忍受。

于是，莫泊桑在7月30日写信给父亲，大声疾呼：

> 如果过3个月才能找到顶替的人，我就砸锅了。因为，要是新兵役法在这3个月之内就通过，我就得进第二十一炮兵团当普通士兵，那将比在后勤处还糟糕。

谢天谢地，居斯塔夫终于在9月里为儿子找到了顶替的人。莫泊桑终于在 11 月脱掉了那身使他窒息的军装。

1871 年 12 月微弱的阳光下，莫泊桑正漫步在艾德路塔海滨。自从复员以来，他一直无所事事。这天，莫泊桑一回到家里，刚和母亲打了个招呼，就看到父亲走了出来。他心里略感不快。

居斯塔夫上前握着儿子的手，"好久不见了，吉，你还好吗？"他那短短的脖子在领口一伸一缩，有些急躁不安。父母立刻就走进后面的小客厅去了。莫泊桑心里还充满着小时候的阴影，那种打击对他太大了。

这时，弟弟艾尔维走过来问道："哥哥，怎么了？"

"没什么。爸爸回来了。"

"我早就知道了。"

门一开，洛尔走了出来，向莫泊桑招招手，"吉，你过来。"

莫泊桑走进小客厅，父亲正背朝着他，面向窗外眺望着。

洛尔对儿子说："我希望你听听父亲所说的。居斯塔夫，你自己给儿子说吧！"

居斯塔夫回过头来，手摸胡须望着莫泊桑说："你退伍以后立刻面临前途的选择。你虽然领了法学院第二年度的注册证，但现在你祖父已经破产。就是说，你每个月的生活费必须减少。我每月只能给你 100 法郎生活费。"

莫泊桑吃了一惊："会有这么严重吗？"

居斯塔夫摆了摆手，继续说："祖父的地皮和其他财产都必须卖掉，因此爸爸现在也等于没有了收入。仅剩的一点财产也寥寥无几。"

莫泊桑认识到了问题的严重性，问："完全没有办法了？"

居斯塔夫绝望地说："没有！"然后他习惯性地来回走了几步，又说："我已经 50 岁了，但为了生计，也非得考虑找个工作不行了。"

一向过着花天酒地生活的居斯塔夫，除了画几笔画，写几首小诗，他还从未做过其他工作呢！

洛尔这时插嘴说:"吉,我只担心你不能继续学习法律了,希望不要中途辍学。但说老实话,我们恐怕已经无能为力了。"

莫泊桑意识到:这100法郎将是他全部的经济来源。靠这,他每顿午餐只能吃一盘荤菜,而平日他至少要吃两盘。温饱尚难保证,更谈不上娱乐和交际!迫于生计,他必须谋个职业。

这时父亲又说:"为了你,我已经请一些老朋友帮忙,在活动海军部粮食调查局的差事,我想不久就会有结果的。"

莫泊桑看着父亲在表他的功,就不耐烦地回答:"是吗?那太谢谢啦!"

说实话,他心里并不喜欢,无论是海军部或其他官场。他认为,官场是在破坏阶级和法规的两个大石之间粉碎希望、想象力、自由和个性的巨大石臼。等爬到次长位置上,人也已经老得什么也干不了了;等熬到部长,那就快走到生命的尽头了。

居斯塔夫对儿子说:"希望你能理解,这是个非常好的机会。"

"好吧,爸爸。"

父亲又叹息一声说:"当然,见习的时候没有薪水,但重要的是打基础。不久大概就会有津贴了。当前我每个月只能给你这些,说不定有时还会不及时,所以……"

"我明白,爸爸。"

洛尔这时也劝道:"吉,我听说那里的公务不太繁重,可以挤出些时间来学习和写作。此外,位于国王街的海军部,离我们蒙赛街的住处很近,步行只需20分钟。"

"我知道了,妈妈。我会去做的。"

大家喝了一会茶,洛尔又把居斯塔夫叫到另一边聊了20多分钟,然后他就走了。

晚饭后,洛尔对莫泊桑说:"吉,你爸爸其实也够可怜的了。如果他懂得处世之道,一定很有成就。剩下的那一点点收入,一定已经变成那些女人的了。巴黎被围困当中,他还在努力寻找她们呢!刚才他说,他好像要到什么贸易公司去做出纳。"

3月20日,莫泊桑走进海军部办公大楼,开始了小职员生涯。不过,海军部人员早已大大超编,他只能一边义务工作,一边等待补缺转正。莫泊桑的职员生活就这样开始了。

与同办公室的那些老公务员们不同,年轻的莫泊桑显得体魄健壮。他皮肤略带田野上风吹日晒的痕迹,说话犹有诺曼底的乡音。他注意修饰,两端略微卷翘的上髭修剪得十分整齐,西装也总熨得笔挺。

早上,莫泊桑穿过海军部的院子,登上梯子,经过长廊,进入办公室,把帽子挂在帽架上。

"你好,吉。"

"你好,巴斯。"

"嘿,吉,早!"

"早,菲斯达!"

早晨,一进办公室,相互间先是一阵干巴巴的问候。

"今天天气怎样,吉?"

"还可以,很暖和,巴特维亚。"

莫泊桑换上西装,从抽屉里拿出一沓文书放在桌上,然后走到隔壁的房间。这里也是幽暗的,只是有一扇玻璃窗,虽然落满了灰尘,但正对着院子,能够透进一些光线。靠墙是装满文书的柜子。海军部的桌椅多年来已经被磨得又光又滑了。

"公文多吗,吉?"

"差不多，巴斯。"

接着是一番千篇一律的寒暄。

收发员已将待办的公文分堆在每人的案头。莫泊桑回到座位上。大家把公文摊开，眼睛盯在公文上，但注意力却集中在办公室的入口。

门开了，科长推门进来。大家一齐起立说："您好，科长先生！"

科长微鞠一躬："诸位早上好！"然后，他神气地穿过房间而去。

片刻之后，处长推门进来，大家再次起立，"您好，处长先生！"

处长微微点头："大家早上好。"

处长同样流露着威严的目光走过去。

再过片刻，同事把门打开，司长走进来。

大家又连忙起立，提高嗓门，就像朗诵一样节奏分明地喊道："你好，司长先生！"

司长鼻子里发出一声"嗯"，然后带着冷冷的微笑，昂首挺胸走过。

大家这才安下心来办公。只听见写字声"唰，唰，唰"，掀纸声"哗，哗，哗"。

科长大人坐镇在大办公室里，不时抬起那双审察的眼睛，透过夹鼻近视眼镜巡视一周。在7小时的上班时间里，这帮小职员，不要说偷闲，即使全部公文办完了，也要找点事来干干，做出一副忙得脚打后脑勺的样子。

直到下班的铃声响了，强打精神向司长、处长、科长先后三呼"再见"之后，他们才能伸一伸酸痛的腰，拖着沉重的双腿，蹒跚离去。

排遣乏味枯燥生活

就这样,莫泊桑开始了在海军部粮食调查局的工作。早在他进来之前,海军部的日子就是这样,而且这种日子可能将继续到世界末日。惯例成为永久不变的规则,在这种令人窒息的气氛中,岁月偷偷溜走。

本来,莫泊桑是为了逃避饥饿的痛苦才当小职员的,但因此却为自己招来了失去自由的更大痛苦。文牍工作是这样枯燥难耐,办公室又只有朝院子的一面开有窗户,那院子狭小得很,从窗口向外望去,只能看到"一秒钟的飞燕"。

文牍工作没有一点生气和自由,一成不变的工作节奏,消耗着人的锐气,困顿着人的机体。不难想象,这种生活会使刚刚22岁、精神饱满的"脱缰的小马"何等烦闷。难怪莫泊桑在给母亲、给福楼拜、给朋友们的信中经常叫苦连天。

今天白天对我来说简直长得没完没了,肯定比我刚刚在艾德路塔度过的两周还要长。我是12时30分上班的,现在才16时,我却仿佛在这里至少关了10个钟头了。

海军部正在一点一点把我毁掉。每天7个小时的枯燥工作完了以后,简直把我搞得晕头转向,我没法消除那使我精神痛苦不堪的劳顿。我想给《高卢人报》写点专栏文章,挣几个钱。可是办不到,一行字也写不出来。我真想趴在稿纸上大哭一场。

这里是使人类变成化石的地方。从22岁进来,到60岁时装着假牙，患着坐骨神经痛，一只脚已踩入墓穴。而在这当中的漫长岁月里，只遇见结婚、生第一个孩子和父母死亡4件事而已。除升官以外，任何事都不会发生。

不过，莫泊桑的职员生涯总还算顺利，从部直机关到殖民地司、给养司、人事司。随着工作的变动，他的境况也不断小有改善：1872年10月，他成为编外科员，月薪125法郎，每年还有150法郎的奖金；1874年3月，他转为四等正式科员，同时提薪一次；1877年，他再晋一级。可见他尚能应付差事。

除了一年的行伍生活，莫泊桑一生中唯一的固定职业就是职员。世界上恐怕没有哪一位作家比他更深切地体察过小职员生涯给人的磨难了。他最了解那形式简单、机械、内容重复乏味、节奏一成不变的伏案工作是何等麻木人的意志，消耗人的锐气，困顿人的机体。他把国王街的海军部机关大楼形象地称作"办公牢房""由苦役犯划动的'楼船'"，还说小职员走进这机关大楼，就像"罪人前来投案自首"。他感慨万千地写道：

人们20岁时第一次走进这楼船，一直待到60岁或者更老，在这漫长的时间里，不会有任何事情发生，整个生命都是在同一间糊着蓝色壁纸的狭窄而阴暗的办公室里度过的。

他们年轻时走进那里，满怀热切的希望，年老时从那里走出，已行将就木。在每天都要为生活而苦斗的各个阶层、各类劳动者、各种人中，职员是最可悲、最不幸的。

正是基于这种切身经验，莫泊桑才得以在日后写出一大批反映小职员生活的精彩作品。

调剂海军部单调而漫长的时间的，是千变万化、可爱而又散出臭味的塞纳河。莫泊桑以十分的热情爱着塞纳河，这条河使他感到自己活着。这条河给他勇气、年轻和精神上的自由。

在上班时间，莫泊桑是个无精打采的公务员，而在工作之余，他却精神十足。在海边长大的莫泊桑，像鱼儿一样离不开水。在巴黎西郊塞纳河河套地带划船，成了吸引他整个身心的"唯一的、巨大的爱好"。

每星期六傍晚，当海军部的钟敲响6下时，莫泊桑就迫不及待地奔下梯子，回到他在蒙赛街的住所，几分钟后从那里出来时，已判若两人。整齐雅致的西服换成了轻软鲜艳的便服，步履轻快得仿佛去赴情人的约会。

他急匆匆赶到罗怀耶街，去找在鲁昂中学时的老朋友罗贝尔。在莫泊桑刚刚进入海军部不久，他们就重逢了。

莫泊桑见到老朋友，就兴奋地叫道："喂，罗贝尔，我想到柯纽老汉那里去。他答应过给我们一艘船，咱们去看看还能不能用了。"

"好啊，那我们就可以到小岛上去探险了！"

"那当然。"

于是，两个人兴奋地穿过街道上的人群，匆匆地奔向离住处不远的圣拉萨尔车站，去搭乘6时20分开往阿尔让特伊的火车，到哥隆布下车，然后再徒步走到马朗特岛。

一边走着，莫泊桑一边说："罗贝尔，老是借华涅老头的旧船使，也真是没劲，是吧？"

罗贝尔说："真是这样。"

"那我们买下亨利那艘小船怎么样？昨天看了一下，很不错。"

"上哪去弄钱？"

"就是说嘛。不过，亨利会让我们先欠着，而且雷昂和汤姆大概也会入伙。"

"那就太好了。吉，如果我们有了自己的船……"

莫泊桑和罗贝尔把这班火车称为"公务员火车",因为它又长又慢,在郊外每一站都要停一下,又挤进一些因要放下穿着不合身的裤子,或因运动不足而大腹便便的那些男人。

坐在这班车上,莫泊桑又会想起办公室、文书柜和积满的尘埃。

火车慢慢地爬着,好不容易才抵达塞纳河畔郊外的小村亚江多威。他们俩刚刚走下火车,就看到3个精神旺盛的年轻人两只胳膊支在栅栏上,向他们打着招呼:"嗨,欢迎你们。时间差不多了!""你们就不能早点?以为整个晚上都是我们的吗?"

莫泊桑和罗贝尔纵身跃过栅栏,亲热地和看门的人打了个手势,就挽着那几个朋友走远了。那3个青年是礼拜天在亚江多威结识的划船爱好者,他们一见如故。

一边走着,罗贝尔就说:"吉想买下亨利的小船。"

那3个朋友齐声反对:"不行,他说要30000法郎呢!你是不是在海军部憋疯了?那不如干脆买艘汽轮好了。"

莫泊桑生气地叫道:"闭嘴!你们以为亨利随时都会借给我们船吗?要不是我,人家还不愿意卖呢。"

又有人叫道:"我今晚只想去喝酒。"

马上有人附和:"是啊,亨利一定是在桑波杰的店里,到那就能遇到他。"

于是,他们走到塞纳河畔,踏上拖船道。那里有两三家为礼拜天的游客而设立的廉价餐馆,门面上都挂着招牌,上写:结婚会场、宴会场、社交室、酒吧及其他。

塞纳河里浮着各种形状的船只。

农民们那红瓦屋顶的寒酸房屋从河边一面延伸而去。他们狭窄的耕地,就在河畔工厂的后面。

莫泊桑和4个朋友来到河边一个叫作"布基马特洛"的旅馆兼酒吧。这是有钱人不会来的地方,但是,辛苦的船主、粗鲁的水手、妓女、流浪者、码头工人、女工等却都集聚到这里，热闹非凡。

他们刚一走进去，吵嚷声立刻就充塞了耳膜。莫泊桑心里叹息道："这就是人生百态！"

他们看了一圈，亨利并不在这里，莫泊桑说："我们走吧，亨利这家伙可能又去试验他的船了。"

他们不顾那些女郎的纠缠，没有付账就走了出来。

莫泊桑他们5人来到河边找到亨利，把船划入河中，一会疯狂地划着桨，一会儿又让船随波逐流，或逆流而上，或跳入水中游泳，在草地和泥巴中呐喊、狂奔，肆意地挥洒着青春，消磨多余的精力。就这样，他们一直疯到深夜。

莫泊桑给大家说着海军部这个养着懒散动物的"公园"里的种种滑稽事，把大家逗得笑出了眼泪。他们高声唱着粗俗下流的歌。

最后大家商定，如果亨利同意让他们在一年内分期付款，那就合伙买下这艘船。

亨利提出他的疑问："但是，吉，如果在该付款的日子你们却拿不出钱来呢？"

雷昂说："你还信不过我们！"

汤姆也强调说："放心吧，少不了你的钱。不信你去问桑波杰，让他说我们是什么人。"

莫泊桑笑着说："最好还是去问桑波杰的太太。"

大家都大声笑了起来。因为桑波杰老板有张甜嘴巴，最会奉承客人。

亨利妥协了:"那好吧。不过,在所有款项付清之前,就算你们把船搞坏了,也分文不少付给我。"

几个人都有些生气:"我们怎么会搞坏自己的船呢?"

"好,就这么说定了,成交!"

大家都高兴起来。他们把亨利抬到布基马特洛酒吧,把亨利放在椅子上,又把椅子抬到桌子上,大声喊道:"桑波杰,酒!"

大家喝着酒,接着兴奋地议论。

"我们必须给船起个好名字。"

"对。"

他们回头一看,坐在另外一张桌子上的是四五个画家,莫泊桑对着印象派代表人物西斯雷说:"喂,西斯雷,我们买了一艘新船,替我们取个名字怎样?"

西斯雷说:"就叫'如意女郎号'。"

莫泊桑不同意:"不行,我们又不打算在船底开洞。"

大家都笑起来。

又有人说:"那叫'郊外之燕号',如何?这首歌当下最流行了。"

人们一起起哄反对。

莫泊桑伸手平息了大家的吵嚷说:"我看就叫'树叶号'吧。"

大家齐声喝彩:"好!""不错!"

莫泊桑用力敲打着桌子:"诸位安静些,我提议,为了这个值得纪念的时刻,我们一起来为新诞生的'树叶号'干杯!"

有人跟着高叫:"还有船员们。"

于是大家一起举杯祝贺:"为'树叶号'干杯!"

冗员生活放荡不羁

塞纳河是那么美丽、静谧，那么富于变化！莫泊桑沿着开满野花的河岸散步，躺在茂密的草地上沉入深远的幻想，真如同置身梦境。那照亮了颤动着的流水的银白色月光，那给绿茵和玫瑰突然染上新的生机的第一束朝阳，将永远投射在莫泊桑记忆的屏幕上。

不息的流水带走了巴黎的一切污秽，也冲刷了莫泊桑这一周间在"办公牢房"里的全部积郁。

莫泊桑在塞纳河上度过的生活又是多么疯狂！他们凑钱买的"树叶号"这艘船不算大，但船体沉重，莫泊桑却能独自轻松自如地驾驭它。他是划船的好手。

不久后，他和朋友们在马朗特岛上游不远处阿尔让特伊的"小水手"咖啡馆租了一间顶楼，和一帮年轻人在那里建立了一个群居营。阿尔让特伊以产芦笋著称，这群居营就起名"芦笋国"。莫泊桑成了"芦笋国"的君主。

后来，莫泊桑和几位伙伴又迁往下游的勃松，建立了一个以莫泊桑为主席的"克雷比特联盟"。

莫泊桑在伙伴中享有如此的权威，是因为他具有令伙伴们钦佩的多方面的才能。他还是远足的健将。

在不适于划船的季节，他便徒步旅行。

1875年9月的一天，莫泊桑为了游览一个人迹罕至的山谷，竟然步行了60多英里！

莫泊桑的勇武在伙伴中也是出名的。在"芦笋国"，他每天清晨同一个叫布朗的伙伴练两小时剑术，失败的总是布朗。

有一次，他们几个在萨特鲁维尔划船，停船登上河岸时，见一个大力士正在摆擂台，趾高气扬，不可一世。莫泊桑拨开人群，上前较量，只几个回合，就把那大力士摔倒。

莫泊桑当时只有 20 多岁，但他与女人的交往，其实由来已久了。

早在他 17 岁时，他由于给与之关系暧昧的表姐写了一首情诗而被神学院开除。在艾德路塔时，少年莫泊桑同 14 岁的约娜那样的本地姑娘"恋爱"，几乎"攻无不克"。

在莫泊桑的许多作品中，我们都可以发现艾德路塔海滨生活给他留下的美好记忆。

第二天天刚亮，约娜就起床了。

她等候父亲，因为他穿着起来需要更多的时间。然后父女俩踏着朝露，穿过田野，走进鸟声啁啾的丛林。子爵和拉斯蒂克老爹已经都坐在拴船用的绞盘上了。

另外两个船户帮着把船拖进水里去。他们用肩膀抵着船舷，使出全部力气把船推出去。在海滩的砂石上要推动船身是十分费劲的。拉斯蒂克用涂了油的圆木棍塞到船身底下，然后回到他原来的位置上，拉长嗓子，有节奏地喊出"嗨唷嗨"的声音，使大家跟着他一起用力。

当船已推到斜滩上时，一下就轻松了。小船顺着圆卵石滑下去，发出撕裂布匹似的响声。船在激起泡沫的小浪花上停稳了，大家就都上了船，坐定在长板凳上。那两个留在岸上的船户便把船一送，推向海面。

从海上吹来阵阵微风，使水面漾起片片涟漪。帆扯上了，略微鼓着；小船在微波上静静地滑行。

他们已远离海滩。一眼望去，地平线上水天相连。靠陆地的一面，陡直高耸的峭壁在脚下的水面上投出一大片暗影，只有浴在阳光下的小片草坡在黑影上形成几个缺口。

远处，在他们身后，望得见棕色的帆船正在离开费冈白色的码头；往前看时，有一块圆而带孔的山岩，样子非常奇特，就像一匹大象，把象鼻伸进水波中。这正是艾德路塔的入口处。

海波的荡漾使约娜感觉有点眩晕，她一手攀船舷，目光眺望着远方。

这就是莫泊桑的长篇小说《一生》第三章，少女约娜和未婚夫于连·德·拉马尔子爵在约娜之父德沃男爵陪同下，乘拉斯蒂克老爹的船前往艾德路塔的一段。没有对海上生活的谙熟和热爱，是写不出这种精妙之笔的。

只是在对来艾德路塔度假的巴黎姑娘的追逐中，莫泊桑就不那么称心了。

一年夏天，艾德路塔来了个叫法妮的巴黎姑娘。这姑娘不但美丽，而且笑得那么开朗，身上还散发出异样的香味，简直令莫泊桑着迷。他给法妮写了好多情诗，有的满含着甜蜜的柔情，有的流露出失望的苦味。

莫泊桑终于鼓起勇气约法妮幽会。到了约会的时间，法妮迟迟未来，他便找上门去，还离得很远，他就听到法妮在向别人大声宣读他写给她的情诗！

在塞纳河上的划船爱好者中，莫泊桑最亲密的伙伴有4个：两个是鲁昂中学时期的老友"高帽子"潘松和"蓝矮子"封丹，另外两个外号叫"蛮力"和"独眼龙"。他们5人共同使用"树叶号"，共同生活在一个群居营里。

在这些放荡不羁的年轻人眼中，船上有一个花枝招展的女人，不仅是一种装饰，而且是一种兴奋剂，能使他们快乐，令人陶醉，让他们疯狂。他们别出心裁地把这种女人称为"舵手"。但适合这群"狂人五少爷"要求的"舵手"不多,他们几乎每个周末都要另聘他人。

当然,也有例外。

一个星期六的傍晚,"独眼龙"带来一个外号叫"苍蝇"的娇小、活泼的女人。她不漂亮,但她什么疯狂的事都干得出,因此第一天就讨得5个伙伴的喜欢。从此,"苍蝇"每个周末都跟"树叶号"在塞纳河上游荡。

3个月过去了,"苍蝇"突然愁眉不展,原来她怀孕了。5个伙伴信誓旦旦,决定共同承担起父亲的责任。

不料有一次,船尚未紧靠河岸,"苍蝇"就向岸边跳去,落入水中。她虽免一死,胎儿却因小产没保住性命。

然而,这个荒唐透顶的故事,却是莫泊桑自己当时生活一个侧面的真实写照。通过这段插曲,莫泊桑19世纪70年代放浪形骸的生活略见一斑。莫泊桑日后从自己这段经历中直接间接汲取了许多中短篇小说的素材。

法国资产阶级的淫靡,在七月王朝时代就达到骇人听闻的程度。

这享乐变成淫荡的恶劣风气,在第二帝国和第三共和国时愈演愈烈。

这种生活,一方面丰富了莫泊桑的生活,开阔了他的视野,为他日后的创作奠定了生活基础;但另一方面,也使他养成了我行我素、追求个人享乐的坏毛病,并影响了他的一生。

若不是这样,他该能多写出多少情操美好的杰作!

工作之余坚持文学

19世纪70年代,正是莫泊桑为在文学上成就一番事业而苦心磨砺的年代。这个过程对他来说是特别曲折而又艰难。

在海军部的工作中,困扰莫泊桑的不仅是办公室的劳顿,还有无可奈何的寂寞和闲适,然而莫泊桑却满怀信心。他的文学志向没有片刻动摇,他的写作练习没有一日间断。尽管海军部的公务占去了他很多时间,可他还是能见缝插针。为了排遣多余的时间和孤寂,莫泊桑在闲暇时间里开始搞创作。

可这是不被允许的,他曾经因此多次被上司点名批评。

有一次,科长冯奇先生见莫泊桑低头不语好半天,知道他又在写东西,就十分不满地对莫泊桑说:"您在做什么,莫泊桑先生?我很少见您这样积极过!莫泊桑先生,您是由国家付钱替国家办事的。"

莫泊桑勉强辩解道:"但是,先生,我已经完成了自己的工作了。"

冯奇严肃地说:"在7小时的工作时间里,我明确禁止您干公务以外的事。"

莫泊桑也略带不满地说:"可是,先生,我现在已经没什么事可干了。"

冯奇对他这种态度很生气,他大声说:"那就把我们10年的公函拿出来,读一读,这对您有好处。"

刚开始,莫泊桑还虚心接受上司的批评,认为他这是履行职责。但到后来,他发现上司们对人一套对自己又是一套,就在人前脸不变色心不跳地批评他人的时候,他们自己却在干着更为恶劣的事。他们与女职员打情骂俏,甚至做下流的事,但回过头来却在职员面前装正人君子。

莫泊桑一直痛恨这种阳奉阴违的人，觉得与他们相比，自己活得更坦率。所以，他也就不再理会冯奇先生的"谆谆教诲"了。

为了使自己的工作更出色，不让上司挑出毛病，莫泊桑严格要求自己。

但是，冯奇先生仍然不放过他。在一次大会上，他避而不谈莫泊桑办公之辛勤、快捷，反而大加训斥："这里我不得不谈到莫泊桑先生。身为国家雇员，莫泊桑都干了些什么？他在公事文件下面藏着稿纸，以办公为幌子，一心营私，真是利欲熏心！"

冯奇先生或许认为仅仅从行政角度加以痛骂，不足以使这位部下"浪子回头"，于是他以文学行家的口吻对莫泊桑大加讽刺："那么，再让我们看一看莫泊桑先生的才能吧！他近来正忙于中、短篇小说的写作，也许他还有写长篇小说的雄心壮志。可是据我看来，他可能根本不了解什么是小说。"

莫泊桑退伍以后，母亲一直在为他的未来而操心。小儿子艾尔维喜欢种植花木蔬菜，愿意待在乡间做一个农民也倒罢了。但洛尔知道，吉是在文学上怀有远大志向的，他将如何实现自己的理想呢？

1872年1月29日，洛尔在给老友福楼拜的信中忧心忡忡地写道："吉要找到适合于他的道路，也许就困难得多了。"

莫泊桑脱下军装以后，立刻恢复了因战争而中断的对老师福楼拜的每周拜访。虽然塞纳河上的浪游令他迷恋，然而福楼拜大师的吸引力胜过这一切。

福楼拜来巴黎，莫泊桑每星期日都是慕柳街4号的座上客。即使福楼拜住在克鲁瓦塞，莫泊桑也远道赶去，几乎一周都没有爽约。好在海军部职员乘火车只需打1/4票。

每当这时，福楼拜总是很开心，他拉着莫泊桑的手，"到这里来。"说着就把他带着窗前，一面点头，一面细细地注视着莫泊桑的脸，眼中却充满了怀念的神情："难得难得，不错，你已经长得和已故的阿尔弗莱德一模一样了。听你母亲说过了。"

两家的世交且不说,单是大师的慈祥、睿智,门徒的聪慧、刻苦,就足以把这一老一小紧紧联系在一起了。

在慕柳街福楼拜家里,他与往常一样,穿着褐色便袍。在公园玩耍的孩子们的声音,从窗口传进来。

福楼拜问:"仍然还在上班吧?"

"是的,最近被任命为事务官,以后在海军部印刷科。"

"知道了,知道了。"

莫泊桑补充道:"是内务部辅佐股长。"

福楼拜故意张大了嘴巴,露出高兴或厌恶的神情:"真有意思。印在你的名片上好了。"

接着,他又故意庄重地问:"究竟是怎样一种工作呢?"

莫泊桑沮丧地回答道:"那是粮食调查局的一个部门,我的工作大概是核对文书,检查每天从国立印刷局送来的公文程式和印刷品,交给接受请求的各部门。其实,这种工作顶多只需要小学六年级的水平就可以胜任。"

福楼拜鼻子里不屑地"哼"了一声。

莫泊桑无奈地说:"而为了这责任重大的职务,我接受1650法郎的年薪。"

福楼拜冷笑着说:"那是你甘愿固守清贫的生活喽?"

两个人相对无语,沉默了一会。

福楼拜再次打破沉寂:"可怜。我同情你,真的同情你。喏,坐下吧,要喝咖啡吗?艾密尔,给我咖啡和香烟。"

为了寻找适合于自己的道路,莫泊桑在广阔的文学领域里展开了全面的攻势。他不知疲倦地习作诗歌、戏剧和小说。福楼拜对他的作品一如既往地细加品评。他对莫泊桑的各种尝试都给以鼓励,从不轻率断言他只能作哪种抉择。

福楼拜严教莫泊桑

莫泊桑一边勤勉工作,一边辛勤创作,并不间断地得到福楼拜的严格教导和培育,并且经常去福楼拜家里。

有时,福楼拜刚回克鲁瓦塞,莫泊桑的信便接踵而至:"我亲爱的先生和朋友,我们每周的倾谈已经成为我的习惯和需要。我禁不住要在信中再和你唠叨几句……"

而福楼拜要赶往巴黎时,他还没从克鲁瓦塞动身,约莫泊桑在巴黎住所会晤的信已先期寄到:"我的小老头,已经说定,这个冬天,你每星期日到我家吃午饭。那么,星期日见。"

诗歌是莫泊桑最驾轻就熟的行当。他想成为诗人的鸿鹄之志远未泯灭。他的诗艺的确日益成熟、老练,他的诗作尤以清新、自然见长。

有一次,两个人聊了一会洛尔和布耶的往事。然后福楼拜就让莫泊桑拿出他的新诗来给他看。

福楼拜一边看着,随口点评。他停了一下,抬头问莫泊桑:"你最近在读谁的作品?"

莫泊桑回答说:"嗯……拉马丁的作品。"

福楼拜追问道:"还有谁的?"

"莱康特的。"

福楼拜点点头,露出"果然如此"的神情,指着其中一首说:"这个明显看出就是莱康特的。"

他又随手抽出几首诗,"你为什么要去模仿别人呢?你一直都没有找到自我。你看看,这个完全和谢尼耶一样,而这个又像拉马丁。

喏，这个则像雨果。"

莫泊桑有些不知所措，他喃喃道："可是，这些人都是大诗人大文豪啊。我想……"

福楼拜毫不客气地打断了他："对你而言，不能每一个人都是大文豪。这事要牢牢记在脑子里，知道吗？如果想在一页纸上表现你的个性，最重要的是发现方法。不能找出样本，或模仿别人。对任何人都不能佩服。能理解吗？你有两只眼睛，好好利用它吧！你自己有舌头，为什么要借别人的舌头说话呢！尽快忘掉拉马丁和其他人。听着，我要看吉·德·莫泊桑的作品时，是要听到莫泊桑的声音，而不是去唤醒拉马丁亡魂的巫师的声音。"

莫泊桑冷汗直流，惶恐地答道："是。"

福楼拜说着说着就站起身来，烦躁地在房间里来回走动，宽大的袍子带起一阵阵冷风。

莫泊桑小心翼翼地问道："如此说来，这些都毫无价值了？"

福楼拜说："也不能这么说。看得出你是下了一番苦心的，但差不多是三流的作品。不过也不必丧失信心。因为你不缺乏聪明，头脑灵活。我并非虚夸，的确是这样。因为你写这些也相当刻苦用心。但不能因为刻苦用心，就认为这些作品是优秀的。如果这样说的话，那就该永远抛弃旧观念和产业时代的一些糟粕。你看看蒲丰，写东西的时候非得思考、体会，同时推敲每一个措辞。你不要想到一下就成为拉辛或柯奈耶。"

福楼拜突然住口不说了，他微笑着翘起了长长的胡须。他走近莫泊桑，两手抱住他的双肩，安慰他说："我就是一个老怪物，我对你说话不客气，是因为太爱你，恨铁不成钢。你要像原谅你父亲一样原谅我。你已经走到了艺术道路上最艰难的路口，而且比以前看得出有明显进步了。要耐得住性子，永远都要保持这种耐性。同样，我也一直在进行这种磨炼。你愿意与我同路吗？"

莫泊桑满怀尊敬地点了点头。

福楼拜换了一种口气说:"其实,你不必灰心,你这里所写的,比高蹈派那些家伙们要好得多。"

莫泊桑不敢相信:"您说的是真的?"他知道,高蹈派是最近流行的诗人社团。

福楼拜重新拿起诗稿,"孩子,我骗你干吗,只是,比如这个,你来看'消失'就不如'没人'恰当。"

莫泊桑深有所悟:"嗯,不错。"

福楼拜又指着一个地方,"这里加强语气比较好,你看这样一改是不是更好?"

莫泊桑敬佩不已:"真的,的确好多了。"

福楼拜又皱起了眉头:"这里用'遥远'不行,应该改成'讽刺的回声',这样是不是文章就紧凑多了?"

莫泊桑一直注视着老人家那些圆圆的大红脸,和那微微突出的、由于专注而闪烁着光芒的蓝色眼睛。心里对这位文字魔术大师崇拜不已:"真的,简直棒极了。"

福楼拜却又换上一副严厉的面孔,"你再说一遍!"

莫泊桑郑重地又重复了一遍:"真是棒极了!"

福楼拜的眼中突然溢满了热泪,他紧抱着莫泊桑的肩膀,神思有些恍惚:"让我拥抱你,每次见到你,我这颗苍老的心就会猛烈地跳动,就仿佛当年与阿尔弗莱德在一起一样。"

文朋聚会其乐融融

凡天下做母亲的,总有些偏爱儿子的诗才。洛尔请福楼拜对儿子的诗作发表意见,以确定他是否可以用诗歌创作安身立命:

您知道我多么信任您,您的见解也就是我的见解,我一定听从您的意见。如果您说"可以",我们就鼓励这好孩子走自己最爱走的路;但是如果您说"不行",我们就送他去做假发或者诸如此类的东西。

自从《包法利夫人》问世以来,道貌岸然的资产阶级评论家们曾不止一次地指控福楼拜"有伤风化"。他已经看透了这社会的虚伪,再也不愿发表什么东西了。

1873年2月23日,福楼拜在信中心灰意懒地向洛尔倾诉道:

我对一切都反感到了极点,尤其是所谓战斗文学。我已决心不再发表什么东西。为那些趣味高雅的人活着并不比这更好。

不过,对于莫泊桑的写作前途,福楼拜却是这样回答洛尔的:

尽管如此,还是应该鼓励你的儿子对诗歌的兴趣,因为文学可以安慰许多不幸的人。也许他有一点天才,谁知道呢?他写的诗作还不够多,我还无法预卜他在诗歌方面的命运。我认为我们这个年轻人有点儿浮，写作还不够刻苦。

我很希望能看见他写一部长些的作品，哪怕写得不好也无妨。他给我看过的诗，比帕那斯派的诗人们迄今所发表的一切作品都好得多。持之以恒，他一定会表现自己的特色，和某种别具一格的视觉和感觉方式。

有一个周日，莫泊桑正与福楼拜交谈时，暖炉上的钟突然敲响下午一点。莫泊桑知道，福楼拜每个周日下午一般都会有客人来访，于是便说："如果没什么事，那我就告辞了。"

福楼拜却说："不要紧，你尽管留下来，或许这对你会有帮助。"

福楼拜走进另一个房间里，换上花纹背心和漆皮鞋，打扮得整洁而庄重。他走到客厅里，但却在地上做了好几个滑稽的芭蕾舞步。

这时，门铃响了，福楼拜亲自去开门。

在大门口，福楼拜就热烈地抱住了一个大汉的脖子："屠格涅夫，欢迎你！"

屠格涅夫却痛苦地抱怨："我最近患了痛风症，很痛苦。"

说着两个人就走进院子，屠格涅夫拖着一只脚。圆脸，白色波纹的胡子挂在下巴上，上唇则是黑色的胡子，头发随便向后梳着，身躯伟岸，这正是传统的俄罗斯贵族形象。

屠格涅夫是深受欧洲作家们仰慕的文学巨匠，他来到法国已经十来年了，渐渐地也养成了一些法国式的举止，但仍然保持着俄罗斯文学家的固定习惯：一连几个小时都坐在沙发上谈论文学、革命和艺术。他当时就整天坐在他那古董式的豪华公寓四楼的沙发里。

两个人走进客厅，福楼拜指点着说："来，你坐这边，这里比较舒服。"

屠格涅夫果然就走过去立刻坐下了。

福楼拜又向屠格涅夫引见莫泊桑，"这个孩子在海军部做事，一直学着写诗，不过现在想要写小说了。"

莫泊桑一愣。他已经写了十年诗歌，可以看得出，他是在用散文想，用韵文写。他在这方面实无天才，也许连他自己心里也有数了。福楼拜当然也已经注意在这方面提示他。

屠格涅夫马上兴奋地说："这和我走的路一样啊！嗯，完全一样。这真是太有趣了。"

福楼拜冲莫泊桑眨了眨眼睛："是啊，我也感觉很有趣。"

屠格涅夫继续说："我当年辞掉公务员的工作，我母亲气得不得了，断绝了我的粮食供应，也不再给我一文钱。我这样说母亲虽然很痛心，但她老人家的确是一个可怕的暴君。"

福楼拜中止了屠格涅夫的感慨，他换了个话题："喂，给我们朗诵一下《春泉》吧！"他又转头嘱咐莫泊桑，"这是很优秀的作品，从如何写小说这一点来说，你肯定会获益匪浅。"

之后，门铃声不断地再次响起，半小时之内，客厅里陆续进来了好几位文学家。

像木桶一样的身躯上安放着一个圆脑袋、朝天鼻子架在蓬乱的胡子上的自然主义文学领袖、小说家左拉，不停地眨着近视眼向福楼拜叫道："上次那个英国人住在哪里？他叫什么名字来着？是詹萨还是叫杰克森？"

"叫詹姆斯。你说的是亨利·詹姆斯吧？"

"对对对，就是詹姆斯。"

福楼拜笑着纠正道："他不是英国人，他是美国人。"

左拉说："不管是哪国人啦，反正他答应给我目录的。"

福楼拜耸了耸肩膀说："是为了科学研究吗？你是最容易发现科学的人了。"

左拉的圆脑袋费力地点着："当然了。"

当福楼拜向大家介绍自己的学生莫泊桑时，左拉也把他身旁年轻的弟子介绍给大家:"这是我的学生鲍尔·阿莱克西。"

莫泊桑注意看了看鲍尔,他脸色呈橄榄色,厚厚的眼皮把两眼挤成了一条缝,两排雪白的牙齿一闪一闪的。他们俩很快就成了好朋友。

客厅里人声嘈杂,大家谈笑风生。

一个脸形酷似贵族,黑眼睛,有着浪漫风度,头发花白,高高瘦瘦的男人站在暖炉旁,福楼拜把莫泊桑拉到他跟前说:"吉,这位是历史学家、小说家爱德蒙·龚古尔。"

爱德蒙伸出两根手指碰了碰莫泊桑的手,然后轻轻拍了拍莫泊桑的后背以示喜欢。莫泊桑注视着他那张苍白的面孔,他眼镜后面的大眼睛闪着任性坚毅的光。

而长着瘦长的山羊脸的都德一直是话题的主持者,他模仿着拿破仑三世的语气,让大家都忍俊不禁。

都德是这群作家中最富有的一个,爱德蒙称他为"阿拉伯酋长"。

屠格涅夫招呼左拉:"左拉,你到这边来,我告诉你个有趣的话题。"

左拉拿出本子,走到屠格涅夫跟前。这是左拉的习惯,他在社交界聚会时,连最细微的事都记在本子上。因此,大家都知道自己的事都会被他记录在册。

屠格涅夫说:"嘿,彼得堡《欧洲通信》需要文学通信员,怎么样?有兴趣干吗?"

左拉虽然写了划时代的小说,但销路一直不太好,他问:"是这样,会挣钱吗?"

阿莱克西正在莫泊桑身边,莫泊桑拿眼神示意着客厅那侧一位年轻英俊的金发青年,问阿莱克西:"那个人是谁?"

阿莱克西回答说:"那是卡基尔·孟德斯。有机会我给你介绍一下。"

莫泊桑接着问:"他是做什么的?"

"是写诗的。出生于波尔多,他的妻子是德菲尔·哥提耶的女儿。他办了几种杂志,很有才气。听爱德蒙说,他的外公是位看守,而他的父亲是个政治犯。"

莫泊桑问:"爱德蒙知道他的详细情况?"

阿莱克西笑着说:"听说他的日记中,写着所有认识的作家的情况,包括我们。"

莫泊桑感到很有趣:"那他就这样站着一直竖着耳朵听着?"

阿莱克西小声说:"是啊。他像女人一样细心,刚才是不是用两根手指跟你握手?"

莫泊桑这才记起来,说:"不错。不过,我好像没有碰到,然后他拍了我的背。"

阿莱克西说:"嗯!如果你到他家拜访以示敬意,他可能会多出一根手指,但就不会再拍你的背了。"

烟雾更浓了,阿莱克西从嘈杂的声浪中穿过去,把孟德斯拉了过来。

孟德斯问莫泊桑:"阿莱克西对我说,你是诗人。"

莫泊桑笑道:"是啊,只是把读过的抄写下来罢了。"

三个人一起笑起来。

孟德斯继续说:"我准备再办一个新的杂志,叫《文学共和国》。你是不是高蹈派的?欢迎向我们惠稿。"

莫泊桑有些犹豫。

孟德斯道:"我说的是正经事。"

莫泊桑回答说:"我很高兴。但是千万不能用真署名,那会激怒福楼拜先生的。"

孟德斯说:"这没问题,我们正好需要的是新人。"

角落里突然响起了哲学家、历史学家、批评家依波利特·泰恩的高声议论,原来,他们的话题已经转为政治了。

开始尝试文学创作

海军部印刷科正对着军部的大院,但比粮食局其他办公室都要暗得多。莫泊桑把脸贴在窗口,才能看到外面一点镜面大小的天空。

莫泊桑正坐在桌前计算着下一次假日。其实他刚刚结束了两个星期的休假,但好像只过了一瞬休假就结束了,远远没有尽兴。

外面的天空湛蓝湛蓝的,夏天还剩个尾巴,好像冬天就扯着这个尾巴追来了。今天早晨,公园的树木开始落叶,3时灯就亮了。莫泊桑想:"要是能住在一年四季都阳光明媚的地方有多美啊!"

科长在屏风那边的叫声打断了莫泊桑的思绪:"莫泊桑,这封订单给我说明一下!"

"是。"莫泊桑对这个地方已经讨厌到了极点。

周日的深夜,福楼拜书房的火光映出墙上两个大大的人影。福楼拜带着莫泊桑刚刚从玛蒂露德公爵夫人家中回来。

福楼拜很讨厌寂寞的夜晚一个人独处,今晚有莫泊桑,他感到很高兴。他笑着说:"从今天起,你可以开始学习文学了,我正式收你为学生。"

火焰晃动着,映出莫泊桑兴奋不安的脸。

福楼拜传授给莫泊桑他切身的艺术奥秘:"对任何事都不要相信,驱除邪念,轻视精巧。天才是神赐予的,人所做的事只会磨损才能而已。天才比明晰的知觉更稀少,所以非遵从神所安排的命运不可。换句话说,就是舍弃私心。艺术家在工作时,必须尽可能疏远外界,不能关心时代的嗜好或新的丑闻。规律、孤独、忍耐,别人看来单调的生活,就是你的模范。"

福楼拜问:"你能懂得吗?"

莫泊桑郑重回答:"我懂。"

福楼拜接着说:"让你高兴的事要警觉,比如美食、娱乐、女人……嗯,就是女人。但艺术不是避难所,而是使命。如果想同时得到幸运和美妙,那就什么也不会得到。美的获得要以牺牲为代价,艺术由于牺牲而培养。在磨炼自己的同时,一步步更接近艺术。写作时必须全身心地投入,摈弃一切危险和所有的烦恼。"

"知道了。"

福楼拜思维不停,又继续说:"学习观察的眼光,到灵感来临之前,花长时间仔细观察。不过,在观察事物时,你可能会浮现出前人所表现的词句。不能借别人的东西,不但没有用处,而且会使自己脑筋混乱,必须通通赶走。对于事物,越是没有感情,就越不会改变你的视角,所以也就容易表现。阅读自己写的东西而流泪是很好,但是边写边流泪,一定是坏文章。必须虚构一个境界,自己则置身其外。"

莫泊桑注意到,福楼拜眼中似乎闪着泪光。他为了缓和一下福楼拜的激动,就换了个话题说:"前两天听说,夏邦提叶计划出版10000部新小说。"

福楼拜却说:"书不是为10000人或10万人而写的,只要懂得法文,就要努力写出优美的法文,仅此而已。"

从1873年开始,莫泊桑把习作的重点转向了短篇小说和戏剧。

1873年9月24日,一个周末的夜晚,他像往常一样,从巴黎城里来到他和莱昂·封丹在阿尔让特伊租的那间房子,为的是洗掉一周平庸、劳累的文书工作带来的烦闷。可是,这天封丹要在城里吃晚饭,不能来同他做伴。

独伴孤灯,形只影单,莫泊桑无限凄苦、颓丧。他的目光无意间停留在案头的一本《星期一故事集》上。这是大作家阿尔封斯·都德刚刚发表的一部短篇小说集,所收约40篇短篇小说,大都是写

1870年普法战争中的事，以小见大，生动感人。

莫泊桑忽然灵机一动，模仿其中的作品，以自己在普法战争中耳闻目睹的事情为素材，只一刻钟的工夫就写成了一篇短篇小说。他异常兴奋，当晚就寄给母亲征求意见，并请她尽快寄还，因为他还要"派用场"。

1874年10月20日，他在给母亲的信中又写道：

请尽量给我找些短篇小说的题材。白天，在部里我可以挤点时间写作，晚上则全用来写我的剧本。

即使周末去塞纳河上划船，也不影响他写作。他的好几篇关于划船人的小说，就是在划船时即兴构思后写成的。

1875年7月29日，莫泊桑写信给母亲：

我驾驭我的大船就像别人驾驶一艘小船一样轻松。当我在半夜里划船去两英里外的布吉瓦尔，向那里划船朋友要一杯朗姆酒的时候，他们大为惊讶。我一直在写跟您说过的那些划船人的故事。我想，从我所认识的划船人的故事里选几则最精彩的，将来可以汇成一本有趣而又真实的小说集。

莫泊桑从1874年也开始了戏剧创作，那年，为了参加快乐剧院组织的戏剧比赛，他动笔写韵文剧《往昔的故事》。剧本不久后完成了，可是在评比中却名落孙山，他只能空望着1000法郎奖金兴叹。

第二年，莫泊桑又创作了独幕剧《一次排演》，可这出戏也遭到通俗喜剧院的冷然拒绝。

莫泊桑上演的第一部剧作，竟是他和塞纳河上划船的伙伴们的集体创作。

那是 1874 年冬天，划船的美好季节已经结束。为了消磨时光，首先由莫泊桑想到这个主意：依据他们自己的生活，写一出自然主义闹剧。

伙伴们热烈响应。于是，由莫泊桑执笔，大家集思广益，加油添醋，一幕接一幕，一边说笑，一边打闹，完成了这个剧本。剧名叫《在玫瑰叶土耳其楼》。

剧情很简单：一对来自外地的年轻夫妇初到巴黎，想找一家旅馆，却不料误入妓院；通过他们在妓院里的所见所闻，展现出这家妓院的种种情景。

1875 年 3 月 8 日，莫泊桑在给母亲的信中宣布：

> 亲爱的母亲，我们几位朋友和我，即将在勒鲁瓦的画室里演一出绝对淫猥的戏。福楼拜和屠格涅夫将要出席。不用说这是我们的作品。

这样的戏，当然不能在大庭广众间献演，它只在小范围内演了两场，一场在 1875 年，一场在 1877 年。

1875 年 4 月 13 日在勒鲁瓦的画室演出的第一场，观众虽然寥寥无几，却包括了以福楼拜为首的几位法国文坛名士。还有一位显要的观众就是屠格涅夫。

福楼拜对这出戏的上演兴趣甚浓。演出那天，他很早就光临"剧场"。爬上高踞于六楼的勒鲁瓦的画室，对年逾半百、身体肥硕的福楼拜来说可够艰难的。他一边诅咒着，一边吃力地登攀，在二层楼脱下了大衣，三层楼脱下了礼服，四层楼脱下了背心！

演员还是莫泊桑一班人，没有一个女的。4 个妓女全由男人扮演，其中包括莫泊桑。

整个演出，出乖露丑、插科打诨、恶谑之极。福楼拜笑得前仰后合，眼泪直流，赞叹："真新鲜！但我并不认为这种无聊的闹剧在艺术上有什么价值，不过开心解闷而已。"

莫泊桑的剧作未能打入剧院，他的短篇小说倒是接连载于报刊，第一篇派上用场的短篇小说题为《人手模型》。这个短篇于1875年发表在《洛林季风桥年鉴》上，用的是"约瑟夫·普吕尼埃"的笔名。

莫泊桑的这篇小说是根据自己的早年经历创作的。1868年夏天，莫泊桑这个爱海的人，正在艾德路塔海滨愉快地散步，忽然，远处传来落水人的呼救声。他与岸上的其他人立即跳上一艘小船，赶往阿蒙门巨岩下。经过大家的奋力抢救，那个落难之人终于得以生还。

为了感激大家，该人再三邀请大家一同去吃饭。席间，莫泊桑才听说此人是英国文学批评家兼诗人阿尔杰农·查尔斯·斯文伯恩。

从此，两人过从甚密，经常往来。一天，斯文伯恩请莫泊桑去他家里玩。莫泊桑刚进房门，便发现这里的一切是那么与众不同。首先映入眼帘的是挂在房内的一张巨幅油画，上面画着一颗死人的头，放在一个贝壳里，漂游在无边的大海上。

这令莫泊桑十分惊异，他接着又环顾四周，在不远处还有一只人手模型，雪白的骨头外面是干巴巴的皮肤，裸露的黑色肌肉还带着斑斑血迹。整个房间阴森恐怖。

开始莫泊桑有些局促不安，或许是主人发现了这一点，他安详而又自然地为莫泊桑讲解了这一切。很快莫泊桑的神经就松弛下来，他开始仔细揣摩斯文伯恩的饰物和他的怪诞心理，觉得这一切很有意思，特别是那只人手模型既生动又耐人寻味。

后来，斯文伯恩在离开艾德路塔时，把这只人手模型赠给了莫泊桑。莫泊桑一直很珍爱这个"礼物"，他还曾想要把它拴在门铃的拉绳上。但封丹说这会把来客吓跑，莫泊桑才改变了主意，把它安放在自己的卧室里。

小说《人手模型》表明，这只手是如何萦绕于莫泊桑的脑海，并激发起他多么奇异的想象。

小说的主人公是个年轻的大学生，他有一只爱若至宝的人手模型。那只手是从一个杀人犯的身上截取下来的。大学生想把它拴在门铃的拉手上，并开心地为此祝酒："为你主人的不久光临而干杯！"

不料这只手却活动起来，要扼死这位新主人。年轻的大学生疯狂了。直到人们把这只手植回原主人的尸体之上，一切才又恢复正常。

"罗曼蒂克！荒诞不经！"在弟子的处女作中，福楼拜发现了法国作家瑞拉尔·德·奈瓦尔、美国小说家爱伦·坡和德国小说家霍夫曼的浪漫主义的明显影响，而这与他崇尚写实的文学主张背道而驰。他告诫莫泊桑：不能凭想象写小说，而应着重生活，牢牢地立足于生活的泥土之上。

《人手模型》的问世，大大地鼓舞了莫泊桑致力于小说创作的兴趣和信心，感到了小说创作的诱惑力。老师的教导使他思想豁然开朗，他更勤奋地投入了短篇小说的习作。

1875年10月，莫泊桑激动地向母亲报告，他正计划写一系列短篇小说，总题为《小人物的荣辱》，而且他已经确定了6个题材。

从此，莫泊桑现实主义的文学观基本确立。他最熟悉小人物，最了解他们的光荣和屈辱、优点和缺点、痛苦与欢乐。他从此要努力以自己的短篇小说抒写这一切。在经历过多少曲折之后，他终于找到自己应走的康庄大道。

欣喜的母亲又一次探询她无限信赖的老友："吉是否到了可以离开他的'办公牢房'，靠文学为生的时候呢？"

福楼拜同样欣喜。但是他回答洛尔："根据我的经验，现在还为时太早。急于求成，他将会一事无成的。"

各种文学形式之间都有它们的共性，诗歌和戏剧的素养对于一个小说家来说，自然也不无裨益。但是，小说创作毕竟有它的特殊规律和要求，而这也正是福楼拜认为莫泊桑亟待摸索和训练的。他对莫泊桑的指导也更具体，更有针对性了。

在福楼拜看来，独创性对于一个作家来说，至为重要。他斩钉截铁地对莫泊桑说："假使你真的具有独创性，就将它显露出来。如果没有，那就老老实实创造。知道吗？"

福楼拜向莫泊桑阐述道：

独创性并非什么奥秘的灵性，而是用心观察的结果。独创性是要有清澈鲜明的视觉，及与别人观点不同的意识，一旦掌握了它，就以一切方法发展它。对你所要表现的东西，要长时间地用心观察它，以便能发现别人没有发现过和没有写过的特点。

任何事物里，都有未曾被发现的东西，因为人们用眼睛观看事物的时候，只习惯于回忆起前人对这事物的想法。最细微的事物里也会有一些未被认识过的东西，等待我们去发掘。

为了要描写一堆篝火和平原上的一棵树木，我们要面对着这堆火和这棵树，一直到我们发现了它们和其他的树、其他的火有所不同的时候。

然而只能发现事物的特点还不够，还要善于表达这些特点。当你经过一个坐在自家门前的干柴店老板时、经过一个吸着烟斗的守门人时、经过一个马车站时，请你给我画出这杂货商和这守门人的姿态。

用形象化的方法描绘出他们包藏着道德本性的形体外貌，要使我不致把他们和其他杂货商、其他守门人混同起来；还请您用一句话就让我知道马车站某一匹马和它前前后后五十来匹马有什么不同。

福楼拜强调说："记住，只用一句话，就要把这些不同描述出来。"

最后是语言的锤炼。对文学语言完善的追求达到呕心沥血程度的福楼拜，同样严格地要求自己的弟子：

> 不论人们所要描写的东西是什么，只有一个词最能表示它，只有一个动词能使它生动，只有一个形容词使它性质最鲜明。
>
> 因此就得去寻找，直到找到这个词，这个动词和这个形容词，而决不要满足于"差不多"；决不要利用蒙混的手法，即使是高明的蒙混手法；决不要借助于语言的戏法来回避困难。

这是一位文学大师指明的高度，是这位大师依据他本人达到的艺术高度，甚至是依据他为之不懈奋斗的艺术理想所指明的高度。这样的高度几乎是不可企及的。

然而，莫泊桑却实实在在地开始一步步攀登了。

莫泊桑时常协助福楼拜整理文稿，每周必带着自己所写的诗，或小品文、或小说草稿到福楼拜家里，看到当时报上经常刊登的杰普、柯培·亚历诺等人的小说，莫泊桑也跃跃欲试。福楼拜却有时生气，有时讽刺，但仔细阅读过后，又总是温和地予以鼓励。

福楼拜大叫着："撕掉，撕掉！你以为我会劝你发表这些烂东西吗？"

莫泊桑不安地看着福楼拜。

"这是骗小孩子的，撕破它吧！你在诗中所用的象征，从巴比伦时代就有人使用过。你还不能忘掉别人写的东西吗？你还没有准确地使用自己的眼睛呢！"

莫泊桑走到暖炉前，把3个星期的辛苦结晶都抛入了火中。

莫泊桑看着那闪动的火苗，"我心里非常悲哀。在职场上创作尤其辛苦，觉得是跟一群秃头和坐骨神经痛的病人站在一起。3周来我每晚都尽力写作，然而未写出一页干净的稿纸。"

这时，福楼拜已经恢复了常态，他走上前搂住莫泊桑说："吉，其实你写得已经好多了。虽然前进的路很艰难，但你正在不停向前。"

而这时，莫泊桑再也忍受不了上司的种种刁难和打击。他决定放弃海军部较好的经济待遇。

在福楼拜的帮助下，莫泊桑于1878年12月调到公共教育部，在部长办公室做一名随员。

鉴于海军部的经验教训，在教育部工作时，莫泊桑更加注意协调上下级关系，注意珍惜这份固定的职业。他不再锋芒毕露，而是冷静地面对小职员的荣辱得失，并把它们看在眼里，记在心上。

在长达8年的职员生涯中，莫泊桑有幸目睹了机关冗员的懒散和可悲、不幸与苦痛。他说："在每天都要为生活而苦斗的各阶层分子、各类劳动者中，职员是最可悲、最不幸的。"

圣手奇才

生活中有两个悲剧：一个是你的欲望得不到满足，另一个则是你的欲望得到了满足。

—— 莫泊桑

与朋友组建文学集会

一年一年又一年,莫泊桑遵循福楼拜的教诲,时时注意观察和捕捉生活中一切事物的特点,像一个美术系大学生写生一样,用文学语言作描写人物和环境的练习,构思出一篇篇小说的蓝图。同时,他也为报纸写专栏文章。

或许莫泊桑当时怎么也不会想到自己会在中短篇小说方面取得世人瞩目的成绩。

1875年起,莫泊桑开始大规模创作小说,他先后完成《西蒙的爸爸》《菲菲小姐》《山鸡的故事》《我的叔叔于勒》《哈丽特小姐》等上百篇短篇作品。

1876年莫泊桑发表的《福楼拜研究》一文,被福楼拜誉为人们所写得最好的福楼拜研究文章。莫泊桑1877年写的那篇《16世纪法国诗人》,也深受福楼拜的赞赏。

但福楼拜却一再告诫莫泊桑不要急于发表小说作品:

这样的东西还是不要发表为好。你有些是学布耶的,有些又是学大仲马的……要把一切都忘掉!不要拜倒在任何人面前,吃别人嚼过的馍没有味道。一定要走出自己的路子,创造出属于自己的风格。更不要操之过急!

所以在《人手模型》问世后的几年间,莫泊桑没有发表过一篇小说。

莫泊桑凭借着顽强的意志和刻苦的努力,一步步走向成功,不论是在诺曼底农村还是在首都巴黎，不论是在恩师的公寓还是在自己的书房，他都不敢忘记学习的苦练。

诺曼底是莫泊桑的故乡，这里风光旖旎、特色鲜明的风物、淳朴善良的人们，这一切都使莫泊桑为之心动！他庆幸自己生在法国，生在诺曼底，生在风景如画的海滨小城。他新奇于周围的一切：白垩质绝壁是怎么形成的？为什么它那么像大象的鼻子？那大象将长鼻子伸入水中干什么，是在喝水吗？

家乡鬼斧神工的地理和环境，给莫泊桑留下了深刻的印象，同时，也孕育了作家的灵性。

童年的生活和玩耍、少年的学习和顿悟、青年的执着与追求，再加上小伙伴间的游戏、父母的教导、恩师的指点、个人的阅历和常识，莫泊桑将全部的经验和心得融汇于生活，并在生活的积淀中发掘，这才有了以后短篇小说的辉煌业绩。

10月末一个星期天的早上，阳光灿烂，罗贝尔猛拍着莫泊桑的房门，并大声喊着："莫泊桑！开门！"后来他发现房门并没有锁着，就推门进去了。

罗贝尔四下寻找，"喂！吉！在哪儿呢？"

莫泊桑正睡在里面卧室的床上，他答道："在这里。"并取下盖在额头上的湿毛巾，慢慢地坐起身来，两只手抱着头。

罗贝尔凑上前去："我等了你半个小时了，喂，你怎么啦？"

"不好意思，我头痛得厉害。"

他俩本来约好，如果周日天气晴朗，就一块到塞纳河去游玩，这样度过秋季的最后一天。

罗贝尔果断地说："这样可不行，必须去叫医生来。"

莫泊桑说："不用了，等一下我自己去看医生。"

罗贝尔停下了脚步，说："你是怎么搞的？"

莫泊桑仍然抱着脑袋，说："我也搞不清楚，今天早上突然头就痛了。你先去吧,过一会儿没事了我就去找你。"

罗贝尔犹豫着:"但是你也需要人照顾啊!"

莫泊桑说:"谢谢,不用了。有房东太太呢!"

莫泊桑看过医生之后,头痛轻多了,他中午就搭车到罗贝尔那里,在阳光下河边的台阶上吃过午餐。

罗贝尔看着莫泊桑说:"嗯!你看起来好像没什么大问题嘛。医生怎么说?"

莫泊桑说:"医生说可能是尼古丁中毒,抽烟太多了,所以我把烟斗全都扔了。"

第二天早上,邮差送来一本《文学共和国》杂志,莫泊桑的诗被刊登在显著位置上。他高兴地大声读着。这是他的作品第一次成为印刷品。

书里还有一封信,让他去一趟杂志办公室。

莫泊桑到了那里,孟德斯又为他介绍了几个文学界的朋友。

艾米拉·左拉比莫泊桑大10岁,按其成名的时间而言,属于与福楼拜同辈的作家。

1877年,左拉的《卢贡－马卡尔家族》中的《小酒店》发表了。作品以逼真的形象勇敢地揭露了资本主义制度下劳动者非人的生活状况,从而产生了巨大的反响。

莫泊桑是1874年在巴黎慕柳街福楼拜住所的每星期日聚会认识左拉的。1875年4月,莫泊桑向左拉表达了他对左拉的新作《莫雷教士的

过错》的赞赏。

1876年,通过在福楼拜住处结识的鲍尔·阿莱克西的介绍,莫泊桑认识了莱昂·艾尼克、昂利·赛阿尔和乔治·卡尔·于依斯芒斯。他们5个人年龄相仿,在不同程度上都是左拉的景仰者,志趣相投。

一个星期四的晚上,他们手拉着手前去圣乔治街左拉家里拜访,受到左拉夫妇的热情接待。晚饭后,又纵谈文学艺术,直到深夜。

从此,他们每逢星期四的晚上,在圣拉萨尔街和勒阿弗尔巷拐角的特拉普餐馆吃完晚饭,到这里集会。以左拉为核心,一个小小的集团就这样形成了。

但这并不足以形成社会影响。几个年轻人提出大张旗鼓地举行一次公开宴会。莫泊桑保证可以说服福楼拜出席,左拉这才表示赞成。

1877年4月,宴会果然举办了。出席者除上述5个年轻朋友,年轻人还有奥克塔夫·米尔波,名人则有福楼拜、爱德蒙和左拉。

1877年4月13日的《文学共和国报》这样风趣地报道宴会盛况:

《包法利》菜汤

《妓女爱丽萨》肉色鳟鱼

《圣安东》块菇小母鸡

《淳朴的心》朝鲜蓟

自然主义冰淇淋古波葡萄酒

《小酒店》烧酒

对于成立派别,福楼拜有力无心,爱德蒙有心无力,只有左拉二者兼具。左拉的自然主义集团盟主地位就这样确定了。

后来,左拉和莫泊桑等每个星期四晚上的聚会常在巴黎西郊左拉新建的梅塘别墅举行，世人便将他们称之为梅塘集团。这个自然主义集团的第一个集体文学产物，就是小说集《梅塘夜谭》。

一天，他们5人在巴黎城里左拉的住所吃饭，席间谈起1870年的普法战争。他们当中有好几个人当时都曾投笔从戎。

左拉提议："喂，喂，你们都经历过颠簸的生活，大家何不就这个题材出一个集子，一部关于战争的，这必定是第一级的主题。"

大家都表示不满："什么?! 5个人合作？绝对从第一章就进行不下去。"

左拉说："不是。每个人各写一篇四五十页的中篇小说，都是独立的故事，把这些小说收在一起，印成单行本。"

大家都互相看着。

左拉又继续说："如果你们愿意，我也写一篇。"

阿莱克西说："好呀，干吗不？有左拉的作品在里面，销路肯定不会错。"

"你们有题材吗？"

"我们会找到的。"

"好，赞成。"

"我也写。但书名叫什么呢？"

于依斯芒斯说："叫《滑稽的侵略》怎样？"

但没有人表示赞成。

赛阿尔说："就叫《梅塘夜谭》。"

大家对这个题目齐声喝彩，于是采用了《梅塘夜谭》。

1880年1月5日，莫泊桑在给福楼拜的信中说：

在拟议这部小说集的时候，左拉、于依斯芒斯和赛阿尔都有一篇现成的作品，只待莫泊桑和艾尼克、阿莱克西写成交来，全书便可大功告成。

《羊脂球》一举成名

1879年底,莫泊桑参加完左拉家那一晚的聚会之后,回到寓所就马上动手创作,并在3天的时间里,写成了一篇小说。

起初,莫泊桑头脑中充满了以"妓院"为题材的念头,但又怕过于大胆了。不过,他想,如果拿这些女人之一来做主人公,可能是个好主意。

莫泊桑推开窗子,趴在窗架上凝视着暗夜。夜风拂过,他脑海中突然闪过高中时有一次与罗贝尔夜游,遇见一个肥胖矮小的妓女,她那圆滚滚的身材简直就像一团脂肪球。

莫泊桑脸上浮起轻松的笑意。

《羊脂球》是一部介乎中篇和短篇之间的小说,它以普法战争为背景。

这篇小说的主要情节是这样的:

离巴黎东北约130英里的鲁昂城被普鲁士侵略军占领了。

城里的居民在经历了一阵心慌之后,开始各寻他路。一个星期二的清晨,一辆公共马车在漫天大雪中出发,车上10位乘客除了有身份的伯爵、富商以及修女之外,还有一个绰号叫"羊脂球"的妓女。同行的那些自命高贵、圣洁的人们对羊脂球都极表轻蔑。

羊脂球矮矮的身材,满身各部分全是滚圆的,胖得像是肥膘,手指头儿全是丰满之至的,简直像是一串短短儿的香肠似的;皮肤是光润而且绷紧了的,胸脯丰满得在裙袍里突出来。然而她始终被人垂涎又被人追逐,她的鲜润气色教人看了多么顺眼。

她的脸蛋儿像一个发红的苹果、一朵将要开花的芍药;脸蛋儿上半段，睁着一双活溜溜的黑眼睛，四周深而密的睫毛向内部映出一圈阴影；脸蛋下半段，一张妩媚的嘴，窄窄儿的，润泽得使人想去亲吻，内部露出一排闪光而且非常纤细的牙齿。

他们都设法从德军司令部弄来离境证书，准备去尚未沦陷的勒阿弗尔。雪下个不停，路越来越难走，估计马车还要很久才能到达旅店。旅客全都饥肠辘辘，难以支持。然而由于走得匆忙，大家都忘记带食品了。只有缩在车棚深处的羊脂球一个人带了一篮子精美的食品，足够她自己吃3天的。

尽管她知道这些上层人物看不起自己，可好心的羊脂球看到有位太太甚至饿得晕了过去，于是慷慨地将食品分发给大家共同分享。

刚才还自命不凡、对羊脂球不屑一顾的乘客再也抵挡不住香味四溢的食物的引诱，不由得争先恐后地大吃起来。不一会儿，满满的一篮食物全吃光了。人们抹了抹油光光的嘴，与羊脂球亲热地东拉西扯。

晚上，马车到了一个名叫多德的地方，被德军扣了下来，旅客们只好在旅店里住宿。第二天，德军下令不许这辆车动身。原来，一个德军军官看上了羊脂球，要羊脂球委身于他，遭到羊脂球的坚决拒绝，他恼羞成怒，竟扣下全车人员做人质。

旅客们知道了这件事，先是义愤填膺，竭力赞扬羊脂球的爱国精神；继而想到自己的处境，对羊脂球冷淡起来。其中一位先生还提出要牺牲羊脂球换回大家的自由。

第三天，马车仍然不能动身，他们开始憎恨羊脂球了，认为都是这个下贱女人误了他们的旅程。等到了第四天，他们趁羊脂球上教堂之际，集体商量如何劝说羊脂球顺从德军军官的要求。最后，在修女和伯爵的配合下，他们终于用花言巧语达到了目的。

第五天清晨，马车又出发了。在匆忙中，羊脂球什么也没有带就上了车，在车上她惊愕地发现人人对她冷若冰霜。几位夫人只是轻蔑地看了她一眼，然后背过身，嘴里似乎嘟哝着"下贱"之类的骂人话。

到了中午，他们若无其事地各自拿出在旅店里买来的东西，津津有味地吃着，谁也没有朝她看一眼，谁也没请她尝一口。

未来得及买食品的羊脂球气得一句话也说不出。这些道貌岸然的家伙，先是把她当作牺牲品送给德军，然后又像扔掉一件肮脏无用的东西一样把她抛弃。她想起自己那一篮子装得满满的食品，他们是那样贪婪地把它吞得精光，眼泪不由得夺眶而出，但她忍住没有哭出声来。

羊脂球独自坐在角落里，黑暗中传出一声呜咽，那是她没能忍住的一声呜咽。没有一个人望她，没有一个人惦记她。她觉得自己被这些顾爱名誉的混账东西的轻视淹没了。当初，他们牺牲了她，以后又把她当作一件龌龊的废物似的扔掉。

小说就在羊脂球辛酸的泪水中结束了。

这一天，赛阿尔吹着口哨找到莫泊桑，手里拿着一张请柬，对莫泊桑说："明晚福克尼要请我吃饭，但我又没空，你替我去吧！"

"可是，明晚在左拉家有聚会，你不去吗？"

"我可能会迟到，你先说你替不替我到福克尼这儿去？"

"好吧，把请柬放我桌上吧！"

由于意想不到的因缘，莫泊桑的生涯展开了新局面。教育部是讨人喜欢的地方，同事们都能干、年轻，而且工作轻松。莫泊桑的职务等于是部长巴特的私人秘书，自己也发现他已经经常参加社会政治活动了。

参加完福克尼家的晚宴，果然如赛阿尔所说，他吃到了"巴黎最豪华的晚餐"。

又一个月夜，莫泊桑快速寻找着出租马车。左拉和5个同伴们今晚又要聚会了，预备在今晚朗读决定出版的《梅塘夜谭》。

到此时，莫泊桑和左拉及其同伴们的关系已经渐渐确定，现在变成了另一种形式。莫泊桑的生活也在变化之中，但由于时常犯头痛的毛病，因此连视力也受到了影响。

莫泊桑摸了摸口袋，原稿没有忘了带着。虽然有时头痛得厉害造成中断，但他还是完成了作品。

按照福楼拜指导的写作原则，他感到他所创作的人物活生生地出现在现实当中，而且又经过了仔细的推敲，从而使每个人物都血肉丰满，各具意志，是一个个独立的人，而不是听从于作者指挥的傀儡。

莫泊桑是满含着沉醉与感激之情完成这部作品的。

马车停下，莫泊桑走进左拉的别墅。这时，客厅里灯光明亮，其他人已经到齐了，大家都带着莫名的兴奋之情。

首先，大家一致表示将左拉的小说排在卷首。

莱昂·艾尼克提议说："其他人的抽签决定如何？"

大家都轰然叫好，结果莫泊桑抽到第一号，他的小说将排在左拉之后。

昂利·赛阿尔说："吉，你的运气真好。"

莫泊桑笑道："是的。但我要求最后一个朗读。"

左拉首先以生动的语调朗读了他的《磨坊之役》，获得了满场喝彩。随后大家一个个朗读，最后就轮到了莫泊桑。

于依斯芒斯喊道："吉·德·华蒙，到前面来。"

莫泊桑笑着纠正说："不，这篇小说署名是吉·德·莫泊桑。"

"小说叫什么名字？"

"羊脂球。"

接着，莫泊桑就以清晰的声音开始朗读："四五天之间，败军三三两两，继续不断地从城里经过。这已不能称为部队，而是离开了军队的乌合之众……"

当莫泊桑在左拉的住所读完他的手稿时，在场的人都为这部杰作的精彩内容和炉火纯青的艺术技巧而深感意外。他们激动万分，全体起立，像对一位大师一样向莫泊桑表示敬意，以致久久无言。

最后，大家都注视着莫泊桑的脸，突然齐声大叫起来："太好了！"

1880年1月13日，福楼拜终于在给出版家沙邦吉埃的夫人的信中作出了最后的判断：

> 小伙子确有才华，我可以向您证实这一点，我想我是懂行的。

福楼拜对莫泊桑"确有才华"的断语绝不夸张。有人说：莫泊桑是克鲁瓦塞作坊里锻造出来的。的确，十余个春秋，福楼拜亲眼看着莫泊桑在千锤百炼中成长，再也没有谁比他更了解莫泊桑了。

而在作出上述断语之后不几天，福楼拜读了莫泊桑的新作《羊脂球》以后，对莫泊桑的才华更加深信不疑："在长期磨砺之后，一颗文学的巨星，就要飞升于法兰西的文学苍穹了！"

1880年2月1日，福楼拜在给侄女克曼维夫人的信中热情洋溢地写道：

> 《羊脂球》，我的弟子的这篇小说，是一部杰作。今天早晨读了校样后，我坚持用"杰作"这个词。这是一部结构精妙、富于喜剧性和观察力的杰作。

1880年4月15日，《梅塘夜谭》问世。书中收有6篇小说，除了莫泊桑的《羊脂球》，其他有：左拉的《磨坊之役》，于依斯芒斯的《背上背包》，赛阿尔的《放血》，艾尼克的《"大七"事件》，阿莱克西的《战役之后》。这6篇作品的思想和艺术质量参差不齐。

《羊脂球》通过一群人结伴旅行的前前后后，高度概括地描绘出法国各阶层在普鲁士占领者面前的不同态度；以一个羞于委身敌寇的妓女作对照，淋漓尽致地刻画出只顾私利而不顾民族尊严的贵族资产者们的寡廉鲜耻。这一杰作构思可谓匠心独具，所塑造的人物个个都很典型，既体现出一定的共性，又具有鲜明的个性。

《羊脂球》反映的主题是"个个心中有，而人人笔下无"，要是一般的作者来写，都会把妓女写得如何卑微、如何下贱，如何不懂情感，如何不知亡国恨，或者又是如何受人嘲弄。

可是莫泊桑没有这样写，他善于发现新的东西。他笔下的羊脂球是一个社会地位低下的妓女，是品德高洁者的人们看都不想看的妓女。

故事中马车里人们的目的是逃难，如果这次走不出去，大家的性命就难保了。莫泊桑选取的环境就是在路途的马车上，离市镇遥远，荒无人烟的地方，大家肚子饿得发慌。此时，羊脂球把她的美味佳肴拿出来毫不保留地分给饥饿的太太们吃，给大家解决一时的饥饿。

而在出境的关口上，守关德国军官因为看上了羊脂球，想要羊脂球陪他过夜。但羊脂球想到祖国眼看要灭亡了，自己不能把肉体献给德国军官，因为这样做是有损于法兰西民族的尊严的。她一而再、再而三地坚持保住民族的尊严。

守关的德国军官不能得到羊脂球肉体的情况下，就把全车的人群扣留下来。在这个紧急关键的时刻，每个人都有不同的表现。那些贵族太太们，为了自己的利益，把民族的尊严抛弃了，都希望羊脂球去把身体献给德国军官。而羊脂球呢，左右为难。作为一名妓女，献身本来是她正常的职业，但在这亡国之时，她不想这样做，因为民族的尊严更加重要。

但是为了这一车人员的安全，在那些太太的再三要求下，她终于答应了德国军官的要求，献出了自己的肉体，这一车人才得以过关。

可是后来，这些得了好处的贵族太太们忘记了羊脂球为她们作出的牺牲，她们比先前更加嫌弃羊脂球，认为羊脂球就是这样肮脏下流的妓女。

战争，不仅带来死亡和血腥的残酷，它还毫不留情地撕去了那些丑恶之人蒙在表面假仁假义的面纱，暴露出他们真正邪恶的灵魂。而我们从一个普普通通的法国妓女身上却看到了真正闪光的地方，那就是一颗真挚淳朴的爱国之心！

在小说中，莫泊桑运用精心、生动的细节描写刻画人物，烘托气氛，异彩纷呈，每每令人拍案叫绝。《羊脂球》不愧是一部思想性和艺术性高度和谐统一的艺术珍品。

羊脂球的"漂亮和丰满"是天然的，而不是像太太们那样是经过打扮而来的；她不像贵族太太们那么打扮得漂亮，一切都是自然的。这说明她很真实，而那些上层社会的太太，是因为打扮才显得高贵，她们的外表高贵，而内心却十分低级下流，她们是虚伪的。

这种通过外貌肖像的对比描写，使人一目了然，更加清晰地感受了特定的人物环境和人物性格，从而更好地反映了社会生活。这是小说成功的原因之一。

羊脂球是可怜的，她的可怜是来自于病态的社会、病态的人群、病态的心灵，而不是她本人的堕落。读者自然会想到像她这样的人，沦为妓女，只能是生活所迫、社会所迫。

莫泊桑也深信，广大公众和高明的、有良知的评论家是不会误解一部真正好的杰作的，他们肯定会作出公正的评价。果然，评论家们出来说话了。

一位评论家写道：

> 莫泊桑先生写了外省沦陷时期一个残酷的，然而也是诙谐的插曲。

另一位曾经批评过莫泊桑的评论家写道：

莫泊桑先生的《羊脂球》获得了辉煌的成就，这不是没有道理的。莫泊桑先生，我曾在本报严厉对待过作为诗人的他是一位出类拔萃的散文家。

著名作家邦维尔则预言：

人们将不厌其烦地一读再读这部《羊脂球》。

如果说评论家的话是冠冕堂皇的恭维，那么来自导师福楼拜的热情评价则是金不换的真诚和坦率。最了解自己弟子的福楼拜，是《羊脂球》的第一读者，也是首席评论家。读过校样，这位别具慧眼的长者立即就洞悉了它的非凡价值。他在随即给莫泊桑的信中对弟子忘情地予以称赞，并对这部作品精辟地细加品评。

我迫不及待地要告诉你，我认为《羊脂球》是一部杰作。是的，年轻人，它正是出自一位大师之手。文章构思很新颖，通篇浑然一体，而且风格卓越。景物和人物如在眼前，心理描写很有功力。总之，我非常高兴：有两三次，我都放声大笑起来。

你可以深信，这篇短短的小说将留传后世。你笔下那些资产者的面孔多么惟妙惟肖！没有一个不成功的。高纽岱绝妙而且真实。满脸小麻子的修女，好极了；而伯爵，口称"我亲爱的孩子"。还有那结尾，可怜的妓女哭泣着，而另一位却在唱《马赛曲》。妙！

> 我真想拥抱亲吻你一刻钟！真的，我很高兴。我开心，我赞美！

《梅塘夜谭》的出版，使莫泊桑的名字很快就传遍了巴黎的所有沙龙。

由于《羊脂球》的成功，正如莫泊桑自己常说的，他"像流星一样进入文坛"。不过，他却不愿像流星那样一闪即逝。

老师在信中激励他：

> 再努力写出一打这样的作品来，那时，你就会成为一个人物了。

是的，他还要不懈地奋进，向更高的艺术顶峰攀登。

世界名人非常之路

恩师去世悲痛万分

19世纪80年代以后,莫泊桑的小说创作进入黄金时期。这个时期他先后发表了《泰利埃公馆》《月光》等小说集及5部长篇小说。

而且,此时的莫泊桑已经摆脱了幼稚,走向了成功。

1880年,当莫泊桑的成名作《羊脂球》问世后,给他带来了意想不到的声誉,从此他蜚声文坛,成为法国著名小说家。

《羊脂球》于1880年4月15日和读者见面后仅仅一周,莫泊桑的唯一一部《诗集》也紧接着问世。莫泊桑拿到样书,首先就寄一本到克鲁瓦塞。

福楼拜已经在热切期待着了,书一到手,他立刻翻阅,刚掀开封面,老人的热泪便潸然而下。原来那扉页上印着这样几行献辞:

献给

居斯塔夫·福楼拜:

我衷心挚爱的杰出的慈父般的朋友,

我最最敬慕的无可挑剔的导师。

读罢《诗集》,福楼拜心潮难平,当即给莫泊桑写了一封充满激情的信。

我的年轻人:

你有理由爱我,因为你的老头儿真心爱着你。你的献辞使我回想起好多人:你舅舅阿尔弗莱德,你的祖母,你的母亲。有好一会儿，我这老头儿心中酸楚，泪眼模糊……

与此同时，《羊脂球》引起的轰动并未稍减。短短半个月里，《梅塘夜谭》就出了8版。莫泊桑当然又及时向老师作了报告。福楼拜闻知，在5月3日给莫泊桑的信中写道：

你说《梅塘夜谭》出了8版？而我的《特洛瓦·孔德》才出了4版。我简直要嫉妒了。不过，有必要为写报纸文艺消息的傻瓜制造些材料，其后再寻求我们该采取的手段。我这个礼拜六或礼拜天就要去巴黎，所以你下星期初就可以见到我了。

是的，他迫不及待地要来亲眼看一看巴黎向自己的弟子祝捷的盛况。

1880年5月8日，星期六。和老师见面的日子再过两天就到了。自上次分手以来，情况发生了多么可喜的变化！这次见面，老师为庆祝高徒的成就，弟子为感谢恩师的栽培，定然要比往常更加尽兴地开怀畅饮。

15时30分，莫泊桑下了班，向寓所走去。天气很好，他忍不住要到河里一游，现在去，周一早上回来，就可以马上拜访福楼拜了。他一边走着一边设想着与老师见面的愉快情景。

莫泊桑奔上了楼梯。突然，门房安琪太太在楼梯口拦住了他："莫泊桑先生，有您的电报，放在您桌上了。"

"谢谢。"

桌上放着一个蓝色的信封，电报是住在巴黎的福楼拜的侄女卡洛琳·克曼维夫人发来的，莫泊桑打开来看：

福楼拜脑溢血，绝望。6时出发。

莫泊桑拿着电文，一下呆立在当场。简短的电文，像突然袭来的闪电，直刺莫泊桑的心坎："期待中的重逢，难道要被死神化为永诀？不！40天前，福楼拜在克鲁瓦塞招待都德、左拉、爱德蒙和出版家沙邦吉埃欢度复活节时，还是那样谈笑风生，步履稳健，死神不会这样快就降临到他的身上。"

但是，从他的周末郊游地勃松转来的一份鲁昂来电，证实了他不祥的预感：

请通知住在普兰旅店的莫泊桑先生，福楼拜今日猝死于克鲁瓦塞。

多么残酷的现实！他再也无法回避了。

莫泊桑在极度的悲哀中挨到了傍晚18时，在圣拉萨尔火车站与克曼维夫妇会齐，便同车前往鲁昂。

克曼维坐在莫泊桑对面，表现得相当镇静："伯父已经亡故。我们也是接到通知才知道，旁边的人打电报时，一定已经死了。那些人真蠢。"

一路上克曼维夫妇一直在小声商量着什么，克曼维是福楼拜的财产继承人，他们有不少事需要操心。

莫泊桑则独自沉入了深深的往事回忆。

"慈父般的朋友""无可挑剔的导师"，莫泊桑这样称呼福楼拜的确是出自肺腑。在他十余年的成长道路上，哪一程没有福楼拜的关怀和帮助！

福楼拜不仅指点他如何写作，而且引荐他结识文坛名流，为他和报刊、出版社建立联系，甚至还在他面临危局时挺身给以保护。啊，恩师在艾汤普事件中为援救他而奔走呼号的形象，此刻又重现在他的眼前。

1879年11月1日，在巴黎南面的艾汤普城出版的《现代自然主义评论》刊登了莫泊桑一首长诗，题为《一个少女》。长诗赤裸裸地描写了一对青年男女的性爱。这首诗是1876年3月在《文学共和国报》上发表过的旧作，原题为《在河边》。当年发表并未引起任何訾议。

莫泊桑谋求调至公共教育部工作时，福楼拜给巴尔杜部长看过这首诗，这或许还对调动的成功起了良好的作用。

可是，《现代自然主义评论》转载此诗时，恢复了当初被删去的露骨描写，这就让当局抓住了把柄而引起轩然大波。艾汤普的检察院对作者提出了"有伤风化，有伤公共道德和宗教道德"的严厉指控。这让莫泊桑大伤脑筋。他生怕这会砸掉他在公共教育部的饭碗，于是连忙向老师求救：

> 我需要您写一封安慰性的、充满慈父感情和哲理的长信。信中要有您对《在河边》的见解，从文学角度，也从道德角度来看这首长诗。我的律师认为，像您这样一位曾因写了一部杰作而被追究，好不容易才被宣告无罪，后来得到了荣誉，最终被各派公认为无可指责的大师的天才人物，凭您特殊的、独一无二的地位，您的信一发表，就足以平息这个事件。

福楼拜接到这封求援信，居然领命不误。他四处奔走，疏通关节，并且在1880年2月21日的《高卢人报》上发表了莫泊桑布置的给莫泊桑的长信。

福楼拜的特殊地位果然产生了影响。1880年2月26日，总检察官函谕艾汤普地方检察官：

我谨要求您结束这场诉讼，并作出不予起诉的裁定。

然而，福楼拜对他绝不是一味溺爱。这位"慈父般的朋友"发现他的缺点，总是及时提出规劝。

列车沿着同塞纳河平行的铁路线飞驰，像在和呜咽西去的河水竞赛，看谁先赶到逝者的身旁。依然沉思着的莫泊桑，眼前仿佛升起熊熊的炉火。他又进入了另一件往事的画面。只有莫泊桑目睹了这件往事，这就足以见得他和福楼拜关系之亲密。

那是一年前的事了。一天，福楼拜来信，要莫泊桑周末去克鲁瓦塞，因为他要做一件"痛苦的杂务"，希望莫泊桑能给他做伴。

莫泊桑遵命到达，令福楼拜十分欣慰："谢谢你来了。我要把没有分类的旧信全部烧掉。我不愿让人在我死后读这些信；可我又不愿独自一人做这件事。你就在一张扶手椅上过夜。你可以看书，我烦闷了，咱们就聊一会儿天。"

晚饭时，福楼拜喝了好几杯葡萄酒，反复念叨着："我必须忘其所以。我可不愿到时又心软起来。"

吃完饭，他们便进入宽敞的书房，壁炉中火势正旺。一只打开的箱子放在壁炉前，里面装满了信札。抽了满满一斗烟以后，福楼拜让莫泊桑坐下看书，自己就烧起信来。

到了克鲁瓦塞，莫泊桑终于看到，老师福楼拜躺在床上，并没有多大的变化，只是由于中风，脖子肿胀呈现黑色。

住在邻近的老朋友福丹医师及其助手杜诺，在客厅里说明事情发生的详情："他前几天身体很好。长篇小说《布瓦尔和佩居谢》只差十多页就要完稿了，他十分高兴。星期五晚上，他还和我们一起朗诵柯乃耶的诗来着。他当时还告诉我，他老早就在期待着去巴黎的日子。他当时情绪极好。

"据仆人说,第二天早晨他一直睡到8时,洗了澡,梳理穿戴完毕,又读了当日的信件,然后就抽烟。10时30分他感到略有不适……"

说到这里,福丹停了一下,注视了莫泊桑一眼,然后继续说:"于是他唤女仆去找我。不巧,我正在往鲁昂的船上。女仆回去时,福楼拜站在书房,发生了轻微的眩晕。他还平静地说:'我觉得神志昏迷,但与其明天在火车上发生,倒不如今天发生。'自己打开香水,涂抹太阳穴,然后慢慢躺在长椅上。女仆再去喊我的助手杜诺来时,福楼拜已经失去知觉。在诊察当中,他两手痉挛起来,面孔涨得通红,突然停止了呼吸。过了一会,心脏也停止了跳动,就这样完了。"

经过短暂的沉默之后,克曼维问:"死亡的原因是什么?"

福丹看着她,莫泊桑感觉医生在下着某种决心。然后听到福丹回答:"脑溢血。"

克曼维冷静地说:"是吗?好,知道了。"

莫泊桑一言不发,没有哭号,也不哀泣,只是充满了神圣的敬意。他希望单独与恩师在一起,通宵不眠地守夜,亲手给恩师洗了身子,周身上下擦了浓郁的香水,再穿上全套服装:从衬衣衬裤到白丝袜,从马裤、蝴蝶领结到皮手套。他又亲手给死者合上双眼,梳好髭须和头发。

第二天早晨,左拉、都德、柯培、希亚,及其他许多人都从巴黎来参加出殡。

天空浮着大片的云,出殡行列走到河边时,树木被风吹向倾斜摇摆。行列朝着肯特及其教堂的路上走去。

从履行宗教仪式的教堂到那弥漫着山楂树清香的遥远山冈上的鲁昂纪念陵园,莫泊桑始终伴随着恩师的遗体。

福楼拜是拿破仑五级勋章的佩戴者,所以墓地有一队武装士兵跪于内侧。

大家围绕墓穴四周，福楼拜的墓穴在他父母的左侧，父母的右侧埋着他早逝的妹妹，而在往下不远的地方长眠着他的挚友路易·布耶。

墓穴还是父亲早年为他造好的。因他小时候生过一场大病，父母以为他再难活命，便为他准备了后事，谁知他竟活了下来。而今，那小小的墓穴怎容得下这偌大的灵柩？

尽管掘墓者流着汗，喘着气，用铲子协助，但那灵柩还是头朝下地卡在墓穴的中腰，既放不下去，也拖不上来。

赶来送葬的老友爱德蒙、都德、左拉等再也不忍心看下去，大家洒了圣水，纷纷提前离去。

左拉握住莫泊桑的手："我不能留在这里，今晚必须回到棉兰。"

莫泊桑低声说："谢谢你特地赶来。"

莫泊桑全身战栗，突然感到寒冷，他忍痛坚持到诸事完毕。他依然默默无言，与克曼维戏剧性的呻吟形成鲜明的对照。

回到巴黎，莫泊桑在给克曼维的信中才倾吐出福楼拜之死使他感到的哀伤：

> 我此刻痛切地感觉到生活多么无益，一切努力全是徒劳，事物如此可怕的单调，精神何等的孤独。我们每个人都生活在这种精神孤独的状态中，我只有在能够同他促膝交谈的时候，才不那么为其所苦。

福楼拜之死对莫泊桑精神上的打击是如此沉重，以致一位熟知莫泊桑的学者发出这样的感叹："从来没有哪个儿子因为死了父亲而比他更悲痛的。"

用父子关系来影射福楼拜和莫泊桑之间的关系，是不足奇怪的。

福楼拜说他爱莫泊桑如同爱"我的儿子",因为到了 19 世纪 70 年代后期,独身的福楼拜和实际上已失去生父的莫泊桑,在长期相处中已建立起亲如父子的感情。

洛尔 1878 年 1 月 23 日给福楼拜的信证明,福楼拜在这以前不久开始称莫泊桑为义子。她一开始就写道:

既然你称吉为你的义子,亲爱的居斯塔夫,如果我很自然地又和你谈谈这个孩子,你是会原谅我的。

福楼拜和莫泊桑之间的父子般的甚至是胜过父子的友谊,已经到了具有传奇色彩的程度。在世界文学史上,师生两代都是举世闻名的文豪,而彼此的情谊又如此亲密、诚笃的,恐怕仅此一例了。

莫泊桑这位福楼拜精神继承人所取得的光辉的文学成绩,足可弥补由于他们不是血缘父子而令人感到的遗憾。刚刚埋葬了福楼拜,亲属们围绕遗产的纷争就开场了,连那同逝者一生的伟业密切相连的克鲁瓦塞也最终被他们变卖!而莫泊桑却在悲哀中振奋精神,遵循先师的教导,为写出一打《羊脂球》那样的杰作而继续奋斗。

短篇小说再创辉煌

在《羊脂球》问世以前，籍籍无名的莫泊桑要发表一点东西谈何容易！随着《羊脂球》的爆响，局面彻底改观。敏感的报业大王们，态度转变得最快，行动也最为迅捷、果断。

第一个登门者是《高卢人报》社长阿尔蒂尔·梅耶。这个犹太人一边舞弄着白手绢慢条斯理地说话，一边观察着莫泊桑的反应。"不管别人对您作什么样的评论，我拜读了您的小说，觉得很有可读性。我毫不掩饰我衷心的赞美：莫泊桑先生，您具有非凡的才能。"

梅耶见莫泊桑在专心地听着，知道这是个好兆头，便开门见山地说："我登门拜访的目的，就是想把阁下卓越的才华和我身为报人的巧妙手腕结合起来，使之相得益彰。直截了当地说，我希望您加入《高卢人报》，成为本报定期撰稿作家。"

莫泊桑试探性地询问："写什么呢？"

"您写什么我们都要。"

莫泊桑当机立断："那么，什么时候开始？"

梅耶喜出望外："您答应了？谢谢！明天发预告，下周就见报。"

1880年5月30日，《羊脂球》发表仅40天以后，莫泊桑作为专栏作家的第一篇重要作品、中篇小说《巴黎一市民的星期日》，开始在《高卢人报》连载。

莫泊桑之后的又一部杰作是中篇小说《泰利埃公馆》。这篇小说的素材是由一位老朋友、鲁昂《新闻家》社长拉皮埃尔提供的。

一天，拉皮埃尔在鲁昂沿河的妓院区游逛，忽见一家妓院的门上贴着一张告示：

> 由于参加第一次领圣体仪式,暂停营业。

拉皮埃尔暗暗惊奇:这卑贱的行当竟同圣洁的宗教搭上了关系,委实耐人寻味。于是他把这件事告诉了莫泊桑。

1880年底,在梅塘集团的同辈伙伴一次聚会时,莫泊桑转述了这个故事,最后他兴奋地说:"这个题材可以写一部中篇小说!"

而大家却一致认为这题材根本没法写。伙伴们散去以后,莫泊桑立即伏案疾书。

1881年1月,莫泊桑在信中向母亲宣布:

> 我那关于参加第一次领圣体仪式的妓女们的中篇小说差不多完工了。我相信它至少可以和《羊脂球》相媲美,如果不肯说是更优秀些的话。

《泰利埃公馆》写的是一家妓院的老板娘,带领手下的全班人马去参加侄女第一次领圣体仪式。妓院"暂停营业",这可急坏了那帮常客,包括前市长、船主、咸鱼腌制商、收税官和一个银行家的儿子。但那班妓女却得以忙里偷闲地旅行一次,不胜欢乐。在车厢里,在老板娘弟弟的村子里,到处都充满着她们的欢声笑语。

只是在教堂里,在领圣体仪式进行中间,她们想起自己也有过纯真的童年,不禁伤感涕泣。可这也只是一时的归真返璞。

当晚,她们回到妓院,便重操旧业。达官贵人们闻讯赶来,气氛之"热烈"超乎往常。整个小说的调子似乎很轻松,但它把妓院的存在,妓女的生活,以及资产阶级老爷们在这里的种种丑恶表演,和盘托出。这实在是对资产阶级文明的大不敬。

莫泊桑在小说技巧方面的高深造诣,在这篇小说里也再次得到充分的显示。对妓女们在车厢里与油滑的推销员逗闹，以及在教堂里触景伤怀等场面的描绘，都堪称神来之笔。

《泰利埃公馆》完稿以后，莫泊桑并不急于在报刊发表。他当时又完成了描写艾德路塔渔民的短篇小说《在海上》。莫泊桑要以这个中篇垫底，把一年来发表的几个中短篇凑集起来，印成单行本，既可传之久远，又可以有双重的收入，这当然更好。

于是莫泊桑开始为自己物色一位出版家。

左拉集团的《梅塘夜谭》是沙邦吉埃出版的，莫泊桑个人的《诗集》也是他出版的。但与沙邦吉埃这位大出版家联系的大作家很多，他不会特别关照刚露头角的莫泊桑的。

精明的莫泊桑便有意绕过这个庞然大物。他对圣拉萨尔火车站一带特别熟悉，那里有一家小出版社，经理名不见经传，叫维克托·亚华尔。

3月初的一天，莫泊桑径直找上门去，恰逢那经理外出，便写了一纸短笺，连同新作《泰利埃公馆》和已发表的两篇小说，放在这位经理的案头，便回去静候佳音。

亚华尔没让他久等，3月8日就写了回信：

> 我亲爱的作者，尊驾光临时未能得见，甚感遗憾。不过，我愉快地拜读了您留下的几篇小说。正如您向我预言的那样，《泰利埃公馆》大胆得令人难以忍受；尤其是您所涉及的是一个充满危险的领域，我想一定会掀起许多人的狂怒和虚伪的愤慨；但是，形式和才华在保佑它，情况就是这样。
>
> 如果您不获得一次卓越的成就，我所说的是销售上的成就，而不是文学上的成就，就算我大错特错了。
>
> 由于您希望尽快出书，我一读完，就把这3篇小说付印

了。我谨请您确定一次会晤的时间，以便我们共同商定出书的日期。

莫泊桑来到亚华尔的办公室。

"啊莫泊桑，我正想再写信给你。你在报纸刊载的那些短篇小说，选择几篇精彩的出来，印成单行本怎么样？"

莫泊桑大喜："好极了，就用《泰利埃公馆》作为短篇小说集的书名好了。"

4月一个星期六早上，莫泊桑来到《胜利报》报社，觉得今天报社里有些与平常异样，安安静静的。他交了稿，与杜蒙聊了一会，临走时被带到会计科。

会计对他说："莫泊桑先生，请核算一下。"

莫泊桑接过钱，对会计轻轻点了一下头。这是当然的报酬。莫泊桑从没有这样忙碌过，两家日刊报纸，以及杂志和他本身的事，把他绑在巴黎不能动弹。不过，他现在也了解新作家的名声如烟，容易消失，如果偷懒，今天阅读他的小说的人，明天可能就忘了"莫泊桑"的名字。

给《胜利报》写稿是刺激而愉快的。这份报纸轻松的风格，对莫泊桑有难以抗拒的魅力；它对人生的看法，吸引了莫泊桑的心，不知不觉受了它的影响——福楼拜非常欣赏的一些另类描写，而写出轻松、大胆、富于刺激性的短篇小说。

而且莫泊桑也慢慢发现，自己最成功的地方就在这里，他的短篇小说具有别人无法模仿的独创性，因此，他能够从别的作家深刻处理的场面或人物中，表现出幽默和滑稽。

《胜利报》每周刊发一篇他的讽刺文，或戏谑文，或喜剧，或独白剧。有时则是冷酷而苦涩的短篇小说，这时莫泊桑往往表现人们各种行为的动机，甚至达到人生的最深处。

1881年5月，以《泰利埃公馆》为书名的小说集由亚华尔出版社正式出版。排印过程中，莫泊桑又加上几篇小说。这部小说集问世时，共收小说8篇：《泰利埃公馆》《一家人》《在河上》《一个女雇工的故事》《西蒙的爸爸》《一次郊游》《春天》和《保尔的妻子》。

果不出亚华尔所料，《泰利埃公馆》取得了空前的成就，在短短几个月里出了12版！亚华尔的出版社借此创出了牌子，而他给莫泊桑的经济报酬当然也就格外慷慨。

大出版家沙邦吉埃很晚才意识到自己的错误，在1882年11月提出与莫泊桑签订出版合同。但莫泊桑此时名噪欧洲，身价已高。他以居高临下的姿态答复道：

原则上，我决意永远不签署最终合同。再说，我同阿瓦尔先生也只有个口头协定。如果我要与您签订合同的话，只有与我从别处可以得到的同等条件下，我才会这样做。

此时，莫泊桑的作品已经纷纷被译介到了欧洲其他国家。而在俄国，因为得到屠格涅夫的推荐，更得以及时的传播。

屠格涅夫原来并不赏识莫泊桑的创作，虽然福楼拜的这位老友与莫泊桑接触较早也较多。19世纪70年代，他读了莫泊桑一篇习作后曾断言："他永远也不会有才华！"

自从《羊脂球》发表后，尤其是后来读了《一家人》，他这才信服了："看来他不是一颗一闪而灭的火星！"

事实上，自福楼拜死后，屠格涅夫主动地多方关怀着莫泊桑。既然是一个非常有前途的作者，那么作为长者，屠格涅夫认为有责任帮助他、关心他。他主动关心莫泊桑，莫泊桑也虚心地向他请教。

莫泊桑在写《泰利埃公馆》时，不知道小说中的水兵该唱些什么歌，便去询问屠格涅夫，并获得了满意的答复。

在小说集《泰利埃公馆》出版时的扉页上，莫泊桑特别题写了这样的献辞：

献给伊万·屠格涅夫，以表深挚的感情和崇高的敬慕。

吉·德·莫泊桑

就在这年晚些时候，屠格涅夫在俄国把一本法文版《泰利埃公馆》送给了列夫·托尔斯泰。

屠格涅夫不想对托尔斯泰的见解造成先入为主的影响，他似乎漫不经心地说："随便看一看吧，这是一位年轻的法国作家。读读看吧，还不坏。他知道您，而且非常尊崇您。"

托尔斯泰很快读完这部小说集。他确信这位年轻作者具有"那种能在普通事物和生活现象中见到人所不能见到的特征的天赋注意力"。但他认为莫泊桑的这些作品具有"形式的美"和"真实的爱憎感"，而"对所描写的事物没有正确的即道德的态度"。这主要是针对《保尔的妻子》《一次郊游》等篇而言，而《西蒙的爸爸》《在河上》则博得了他的欣赏。

此后，托尔斯泰几乎读遍了莫泊桑的全部作品，他肯定莫泊桑的长篇小说《一生》《漂亮朋友》，更为莫泊桑的中短篇小说中的大量佳作叫好，称赞它们"鲜明地显示了作者在其文学活动过程中道德力量的成长"。

的确，小说集《泰利埃公馆》绝不是莫泊桑中短篇小说创作的高峰。在1885年前的几年间，思想性和艺术性皆令人赞叹的中短篇小说源源涌现于莫泊桑的笔端，其数量之多、质量之高，为文学史上的一大奇观。

登上短篇之王宝座

19世纪80年代的前5年，莫泊桑的中短篇小说不仅数量多，而且质量高。中国人民文学出版社1981年出版的《莫泊桑中短篇小说选》，是一部择取相当精审的选本，其中所收58篇名篇佳作，竟有54篇属于这5年间的作品。

就在这时，莫泊桑前往北非，作了长达数月的旅行采访。他目睹了法国殖民主义者无法无天的行径给土著人带来的灾难。未待回国，他就在《北非书简》等专文中连连谴责法国对北非的殖民侵略，指出是财界巨头们在操纵"战争秋千"。

1881年9月的巴黎，因为下雨而凉爽舒适的傍晚，莫泊桑斜斜地戴着帽子，愉快地转动着拐杖。重新与噪声和群众接触，使莫泊桑很高兴。阿尔及利亚引起了莫泊桑极大的兴趣，他爬过亚特拉斯山，与两个陆军中尉在沙漠旅行了20天。

他的小说集《泰利埃公馆》销路依旧很好，回到家时，看到屠格涅夫寄来的信："你在俄罗斯的名气很大，能够翻译的已全部翻译了，报纸对你狂热地赞赏。"

"喂！莫泊桑！"

莫泊桑回头一看，爱德蒙和蒲尔杰坐在艾第的店里阳台上，正在同他打招呼。

莫泊桑向他们走过去，与他们坐在同一张桌上。

爱德蒙伸出两根手指，轻拍莫泊桑的背部，并玩着随便缠绕的薄绸围巾说："你的妓女故事相当轰动啊！"

莫泊桑露出了微笑："什么？啊，你是说《泰利埃公馆》？"

爱德蒙态度傲慢。而蒲尔杰说："柳依诺侯爵夫人说，比《羊脂球》好。"

从一辆马车上跳下一个人影，莫泊桑注意到爱德蒙皱了一下眉头。

那是他们认识的记者梅兹罗瓦。他对另外两个人略微点了一下头，马上就对莫泊桑说："莫泊桑，我正在找你。听说你出去旅行了？唉，损失惨重，丢掉了一个代笔人。"

梅兹罗瓦同时在许多报纸写连载小说，他自己应付不了，就需要请人代笔，否则以他名字发表的文章就连载不下去了。

梅兹罗瓦可怜地说："莫泊桑，现在只有你能够救我了。"

莫泊桑不置可否地回答："是吗？"因为他也知道，梅兹罗瓦是名优秀的记者。

"我在《胜利报》连载的小说正进入高潮，但突然出事了。"

莫泊桑问："是代笔的人死了？"

"不是，这个浑蛋罢工了，要求提高价钱，一行要12生丁，而且明天非交稿不可了。"

莫泊桑又问："那你是什么意思？喂，别着急，侍者，给这个人拿杯啤酒。"

"我的意思是，我另外还有3个连载中的小说，你替我写本周份的好吗？只有本周份就好。你要替读者们着想啊！周五的早上，一边吃着早餐，一边等着看连载的小说。怎么样？答应吗？"

莫泊桑看着他那着急的样子，笑着说："我答应了。"

梅兹罗瓦大喜过望："答应了？太好了！"他随即从胳膊下夹着的稿件中抽出了一沓，递到莫泊桑手里，"这是最近连载的内容，你从这里连下去写，1500字。下午我派人来拿，行不行？"

莫泊桑回答说："费那事干吗，反正我也要到报社去的，杜蒙也在催我的稿呢，我一块送去吧！"

梅兹罗瓦喝了杯中酒，马上站起身来，"我由衷地感谢你。在罢工消息还没有在圈里传开，我得赶快找到其他的代笔人。"

莫泊桑微笑着看着他融入人群之中。

蒲尔杰正与爱德蒙谈话，这时回过头对莫泊桑说："吉，管他的闲事干什么？听说这家伙写了一个长篇小说？"

莫泊桑回过头说："是两部。他什么都不放在心上，只是一心写作。他本名叫特桑，是位男爵。"

蒲尔杰马上变了脸色，他似乎很感兴趣地追问莫泊桑："你说的是真的？他真的是男爵？真的吗？"

第二天，莫泊桑5时之前走进了《胜利报》报社。现在这份以大胆、通俗而闻名的地方娱乐报纸正声誉日隆。

离开报社，随后他又来到亚华尔的办公室，

亚华尔说："莫泊桑，我不但要把那些短篇结集出版，而且我还打算加入插图出版。"

莫泊桑高兴地说："好极了。我这里带着的一篇是预备下周在《胜利报》刊载的《菲菲姑娘》，就作为短篇小说集的书名吧！"

1882年，莫泊桑的第二本短篇小说集《菲菲姑娘》出版面世。

莫泊桑的中短篇小说的创作方法和艺术技巧，达到了空前的高峰。他尊重生活真实，力求深刻忠实地反映生活真实面貌。他几乎只写自己连泥土气味都辨得出的地方。而青少年时代生活过的诺曼底省和成年后工作过的巴黎，是他必须写的地方。他决不写自己不熟悉的人物，而他谙熟的诺曼底的农民、渔民、水手和巴黎的市民，是他必须写的人物。

这一天，莫泊桑跳下了开往艾德路塔的火车，在车站的围栏那一边，毕老头驾着据说是当地最古老的小型马车正等候着他。

莫泊桑把旅行箱交给老头儿，立刻就叫道："嘿，走！"

于是老头儿就像多年前那样，代替马匹嘶叫。两匹鹿毛驽马抬着头，摇着尾巴，快步奔向山冈的通路。

马车"吱呀"晃动，几乎要摇散架了，坐在脱离了底的座席上的莫泊桑叫道："呀！大海，我又见到大海了。"

莫泊桑终于获得了一段时间的闲暇，《菲菲姑娘》已经完成，连载部分也各交出了好几份的稿子。此外，与亚华尔也做了最后的洽商。

重新回到了艾德路塔的维尔基，让莫泊桑兴奋不已。母亲洛尔看起来非常忙碌。在单独旅行过科西嘉岛和西西里岛之后，她又回到了维尔基的诺曼底海岸，然后重新设计庭园，粉刷楼上的房间。

吃晚饭的时候，莫泊桑发现母亲似乎表情有些异样。

"妈妈似乎不是特别欢迎我时常回来？"

洛尔笑着说："你说对了，做母亲的应该放开儿子，而儿子也应该让母亲自由，对吧？母子关系太紧密了，心灵上反而会疏远。"

莫泊桑起身亲着母亲："妈妈，你真伟大。"

洛尔看了儿子一眼："我更喜欢你讲科西嘉山贼的故事。"

莫泊桑说："还是先不谈那个。我是想在这里盖房子，就在离您这儿不远的地方，我以海边作为工作场所。"

洛尔心中一动："那你喜欢格朗华尔吗？"

莫泊桑知道，那里与艾德路塔方向相反，是母亲陪嫁的土地。

洛尔继续说："怎么样？要是喜欢的话，就给你好了。"

莫泊桑高兴得跳了起来："真的吗？我给您钱买下来吧！嗯，不错，格朗华尔别墅，妈妈，那是我的梦想。您这儿有测量图吗？别墅就面朝着大海，庭园也要有这儿这么大。土地总账本在哪里？"

莫泊桑立刻埋头计划建筑别墅的事，并给亚华尔写信，请他尽快寄钱来。莫泊桑的表兄路易·波华特凡放弃法律后就改行学美术了，他答应莫泊桑，等别墅盖好后，由他负责装饰门窗。

而仍然照看着墓地的欧布尔神父年纪已经非常老了，他向莫泊桑提供了有关排水方面的宝贵知识。

莫泊桑虽然周游过不少国家,有着广博的见闻,但是在他数百篇之多的长、中、短篇小说中,简直就找不到异国题材的作品。他决不在作品中掺杂浮光掠影、走马观花的东西,而是严肃认真地对待自己的创作。

莫泊桑极其擅长从平凡的生活中把握住富有典型性的个别人物、事件或生活断面,以小见大地反映出普遍的生活真实。在他笔下,一次骑马,一次散步,一根绳子,一条项链,都能引出一场有声有色的话剧,使人情世态真相毕露。他以其多样性的艺术风格和强烈的人情味和爱国心,感动了成千上万的读者。

他的中短篇小说,在表现手法上并没有一定的格式。非凡的多样性正是其中短篇小说的最大艺术特点。他总是在内容和形式相统一的基本原则下,根据主题、题材和素材的不同情况,采用不同的表现形式:或悲剧,或喜剧,或闹剧,或悲喜剧交替;或疾速,或徐缓,或不快不慢,或徐疾相间。

而值得称道的是他在构思布局上的千变万化。即使题材相似,在人物、情节、构思、立意、布局、格调等方面也别出心裁,各饶异趣。

他在《羊脂球》中显示出的细节描写的神奇本领,在后来的中短篇小说中得到了尽兴的施展。在他的小说给予读者的艺术享受中,精彩绝妙的细节描写占有很大的比重。莫泊桑,堪称中短篇小说的圣手奇才。

同时代的另一位文学巨子阿纳托尔·法朗士后来赠他以"短篇小说之王"的美称。

尝试长篇小说创作

以1880年《羊脂球》的发表为开端，莫泊桑作为中短篇小说作家的才能得到迅速而充分的显示，并博得举世公认。

文学即是人学。莫泊桑特定的人生观和社会观，使他注定拥有自己的读者群。虽然，从严格意义上说，莫泊桑不是劳苦大众，但他深知资本主义条件下劳苦大众的悲哀，他们是世界上最可怜的人。

莫泊桑同情下层人民的苦难，尤其对小职员生活和妓女生活题材，情有独钟。正是这些反映底层生活的作品，将莫泊桑与广大的劳动读者联系起来。

当然，莫泊桑毕竟不是地道的劳苦大众，所以，在他身上始终表现出中小资产阶级的思想情绪。比如他反对暴力革命，对1870年发生的巴黎公社革命表示疑问，他认为，"街垒并不比保尔和维吉妮的爱情故事更能解决人民的面包问题"。

所以他倡导等级制和自然法则，他公开声称：我只为贵族而写作。当然他所说的贵族，不是狭义的贵族，而是"一个民族的真正有智慧的那一部分"，实际上就是中小资产阶级的优秀分子。

莫泊桑特别推崇中小资产阶级的优越感和无为观念。在他看来，人生受不可知命运的左右，很难有所作为。因为，"我们什么也不知道，什么也看不到，什么也办不到，什么也猜不到，什么也想象不到，我们被封闭和禁锢在自我之中。"

有广大的民众做基础，有中小资产阶级的鼎力支持，莫泊桑的作家地位被永久地确立了。但是，莫泊桑并不仅仅满足于做一个报纸专栏作家和短篇小说家，他还要在短篇成功之后，尝试长篇小说的创作。因为在他看来,只有同时驾驭长短篇小说的人,才算是真正的作家。

恩师福楼拜1873年2月23日给莫泊桑母亲洛尔的信中所说的话,言犹在耳:

我很希望能看见他写一部长些的作品,哪怕写得不好也无妨。

从那时起,莫泊桑就在自己内心说:"是的,我要写长篇的作品,而且一定要写出杰作来。我决不能在长篇小说的创作上自认无能。"

事实上,在福楼拜的敦促和关怀下,莫泊桑几年前就已着手构思一部长篇小说了。

1877年12月10日,他向福楼拜汇报道:他将在第二年1月15日前后完成剧本《吕恩伯爵夫人的背叛》。然后他接着说:"我已经制定了一部长篇小说的提纲,一旦剧本完成,我立刻就开始写这部长篇。"

而第二年1月23日,莫泊桑又欣喜地告诉母亲:"我给福楼拜读了我的长篇小说的提纲。他听了非常兴奋,对我说:'啊!真的,好极了,这是一部地地道道的长篇小说,构思得非常巧妙。'在正式动笔以前,我还要用一个月或一个半月的时间对提纲进行加工。"

这部长篇小说的写作,对莫泊桑来说很不轻松。他甚至有过悲观泄气的时候:"亲爱的大师,我许久没有给您写信,因为我在精神上已经完全垮了。"可是他依然在"顽强地写我的长篇小说"。

莫泊桑一再提及的这部长篇小说,就是日后定名为《一生》的他的第一部长篇小说杰作。

莫泊桑写到1880年底,这时,各种各样的原因终于迫使他中途搁笔。起先是为调往公共教育部而奔波。调动成功后,想不到他比在海军部还要忙碌。

> 看来我注定要做这个部或那个部的牺牲品。我早晨9时30分到这里，晚上18时离去。您可以想象，我的空闲时间很少。我距离我的长篇小说越来越远，生怕脐带要被割断了。

随后是忙于为报刊撰稿，为《梅塘夜谭》写《羊脂球》。而《羊脂球》载誉后，他又得在中短篇的领域内连发几枪，以便巩固这块阵地。如此这般，《一生》的写作就搁浅下来。

在文学的战场上，莫泊桑颇具战略家的胆识。中短篇小说的阵地既已占牢，他立刻集中力量进行长篇小说的攻坚战。

1881年11月北非之行归来，他便幽居巴黎西郊的萨特鲁维尔，断绝一切交游，埋头写作6个月，《一生》终于完成了。

这是倾注了莫泊桑心血的著作。他至少为这部小说创作了4份手稿，可见他曾多么认真地反复琢磨。

用莫泊桑自己的话说：

> 在长篇小说《一生》中，我并没有想做其他的事，仅仅是在展示构成一个女人生活的事件，她那交织着幻想、幻象和忧伤的一生。

《一生》通过对主人公约娜一生的生活经历的描写，揭露旧贵族家庭的衰落和解体，较深刻地反映了资产阶级精神上的堕落和腐朽。

故事开端于1819年5月2日。17岁的贵族少女约娜在修道院寄宿5年以后，由父亲德沃男爵接回家来。她不知道人世间的一切，急想尝一尝人生的幸福和欢乐。

在父母的疼爱和大自然的陶醉中,她幻想起爱情来。她想象不出"他"将是个怎样的人,只知道她会忠心耿耿地崇拜他,而他也会一心一意地喜欢她;他们将结合成一体,只凭相亲相爱的力量就能渗透彼此内心最隐秘的活动。

凑巧,邻近来了个德·拉马尔子爵,小名于连。他是在父亲故世后回乡重振家业的。一次他做完弥撒从教堂出来,经神父介绍,约娜母女和这个年轻人相识了。

从此,于连常到约娜家做客。他举止谈吐,一切都做得恰到好处,很快就博得约娜一家的好感。当他求婚时,天真的约娜不假思索便欣然接受。8月15日就举行婚礼了。

然而,洞房花烛之夜,也是约娜纯真的爱情幻想破灭之时。于连一改往日的温柔,他那粗鲁的肉欲使约娜深感厌恶。在几天后的蜜月旅行中,他在经济上处处和人斤斤计较,更让约娜觉得羞耻。旅行归来以后,他如同演员扮完一个角色后,恢复了平时面目似的,更少关心约娜,连说话也很难得了。

于连接管了全家的财产,刁难农民,紧缩开支,甚至连外表也变成土财主一般,往日光彩的仪表已全无踪影了。约娜无可奈何地叹道:"人生,可并不总是快乐的。"

沮丧的何止约娜,连比约娜大两岁的使女萝莎丽也失去了往日的活泼。约娜问她是否病了,她总说:"没什么。"有一天,她倒在地上,痛苦地分娩了。

约娜主张把那个应当对此负责的男人找出来,而于连却决意把萝莎丽和私生子赶走了事。

由于约娜的坚持,萝莎丽才留了下来。可是过了不久,一天夜间,约娜因身体不适,起床去唤萝莎丽,却发现萝莎丽正睡在于连的床上。

一切都明白了,诱骗了萝莎丽的竟是自己的丈夫!

约娜痛不欲生,向海边跑去,精疲力竭地倒在崖壁边。

萝莎丽离开了。不久,约娜也生了一个男孩。她把儿子当成一切幸福的源泉。于连同邻居福尔维勒伯爵夫人通奸,她漠然视之。但福尔维勒得知此事却怒不可遏。在一个雨暴风狂的下午,于连和伯爵夫人幽会的活动小木屋被伯爵推下山坡,两人双双惨死。

从此,约娜把一切希望完全寄托在儿子保尔身上。她对保尔百般溺爱,反使他从小就走上了邪路。长大后,他更放荡不羁,从事的商业冒险也一败涂地,直把约娜家弄得家破人亡。德沃男爵气死了,长期与他们相依为命的丽松姨妈也去世了。

正当约娜再也支持不住的时候,一个粗壮的妇女出现在她身边。原来是萝莎丽!同瘦削而又憔悴的白发妇人约娜相比,萝莎丽面色红润,魁梧有力。

原来,她后来嫁的丈夫去世了,现在同与于连生的私生子生活在一起。这孩子很好,有股冲劲,现已把她的农庄接过去。她不忘旧情,所以回到约娜身边来。从此她照顾和安慰约娜,为她料理一切。

和保尔姘居的下流女人病死后,又是萝莎丽去接回了孩子,并劝说浪子回头。这位同样历尽磨难但恢复了自信的劳动妇女,像是回答自己心中的问题似的,自语说:"您瞧,人生从来不像意想中那么好,也不像意想中那么坏。"

《一生》首先以连载的方式发表于1883年2月15日至4月6日的《吉尔·布拉斯报》,一开始就引起强烈的反响。一时间,这家二流报纸竟成了最畅销的报纸。

4月里,亚华尔紧接着出了单行本。尽管当时书市正处在全面萧条时期,然而《一生》还是大获成功:25000册书在短短时间里就销售一空。在给老朋友的信中,莫泊桑兴奋地写道:

从公众和报纸的反应,我意识到我已经取得完全的成功。

然而,《一生》的成功并不一帆风顺。小说由于对上流社会及其隐私的暴露,触犯上流社会及其书刊检察官们的"痛处"而被谴责。

有个叫勒内·贝朗瑞的议员以"道德秩序"的名义对《一生》大加谴责。政府于是把《一生》列为禁书。就连最无所顾忌的各大枢纽书亭也不敢"违法乱纪"。

不过,在《一生》获得的巨大成功面前,面对着巨大利润的诱惑,书商们不久也就收起了他们的"廉耻心"。在各个车站书店的橱窗里,《一生》又一次骄傲地出现在人们的视线中。

还在1882年3月2日,也就是莫泊桑进行长篇小说《一生》的攻坚战的决定性时刻,他收到当时法国最权威的实证主义文艺理论家、《艺术哲学》的著名作者伊波利特·泰纳的一封来信。

福楼拜的这位文坛好友刚刚读了小说集《泰利埃公馆》。他在信中高度赞扬莫泊桑作为作家的"基本才能",同时他也以理论家的身份向莫泊桑委婉地提出批评:

您现在描写农民、小市民、工人、大学生和妓女。想必有一天您还会描写文明的阶级,上层资产者、工程师、医生、教授、大工业家和大商人。

在我看来,文学是一种力量;一个生来富裕、身为三四代正直、勤劳、高贵家庭后裔的人,有更多的机会成为诚实、优雅、有教养的人,荣誉和智慧或多或少总是温室里的花朵。

这种道理很有些贵族味道,但这是实验证明了的。如果您的才能将来以那些富有文化和感情,因而被国家视为光荣和力量的男女为对象,我将深感欣慰。

显然，泰纳先生不愿意看到莫泊桑笔下上流社会的卑污和堕落，他认为那个由"诚实、优雅、有教养"的人组成的阶级，应该与荣誉、希望和力量永远联系在一起。

但是，莫泊桑让泰纳先生失望了，莫泊桑的《一生》写的正是上流社会，无须泰纳先生指点。至于如何描写上流社会，莫泊桑自有主见。他在《一生》中描绘的上流社会景象绝不美妙，但这部作品却正因此而具有了思想的深度和艺术的感染力，从而确定了它在文学史上的地位。在《一生》的正文之前，题着这样几个字：

谦恭的真实。

莫泊桑并非对上流社会有什么精辟的理论，主要是他不得不尊重生活和真实，因为是生活本身成就了他。

与巴尔扎克、司汤达的小说比较，莫泊桑的《一生》对它所写的那个时期，复辟王朝和七月王朝时期的法国社会环境的描写十分单薄，只有寥寥几笔。但是，时代的潮流、时代的特点、时代的基本关系，却透过小说中人物命运的变迁清楚地反映出来。

故事平铺直叙，丝毫没有剪裁的痕迹，却充分发挥了莫泊桑在"白描"技巧上的特长，使小说达到了"以单纯的真实来感动人心"的艺术效果。加之作者善于运用富有乡土味的优美散文，展示他最熟悉的诺曼底傍海村庄的迷人景色和人情风俗，更增添了小说的魅力。

酿成约娜生活悲剧的并不是个人际遇中的偶然因素：她偏偏嫁了于连这么个禽兽般的丈夫，生了保尔这么个不争气的儿子；而归根结底是社会历史条件。无论是于连的性格和作风的市侩化，还是约娜的田园牧歌式生活理想的破灭及德沃男爵古老贵族家庭的解体，都是当时伴随着资本主义生产关系对农村的侵入，资产阶级道德观念和生活方式对贵族文化传统无情冲击的结果，反映了一种历史的必然性。从这个意义上来说，《一生》不愧是一部具有深刻社会内涵的作品。

在这些文学形象中，特别融会着莫泊桑自己的家人家事。他是以自己的父母为原形创作的作品。这也是《一生》的主人公约娜和围绕着她的一些人物的故事给人以高度真实感的一个重要原因。而约娜，就是他饱经沧桑的母亲洛尔的化身。

洛尔生长于资产者家庭，受过良好的教育，天生聪明美丽，为了虚荣的缘故，嫁给了徒有虚名的贵族公子哥居斯塔夫。她婚后生活很不幸福，经常遭受丈夫的掠夺和虐待。

关于这一点，莫泊桑一点也不隐讳。1889年8月，莫泊桑在一封信中谈到他的母亲时感叹道：

> 唉！可怜的女人，她结婚以后就不断地经受伤害、折磨和虐待。

在连遭不幸的约娜身上，人们看到的正是洛尔的影像。据洛尔的一位知心女友回忆，像约娜一样，早在蜜月旅行中，洛尔就发现了丈夫的种种缺点，预感到他们夫妻间未来的不和："首先，这位外表阔绰的绅士对下等人表现出庸俗的态度，他处心积虑地克扣他们的小费，并且总是担心是否已经给得够多了。"

莫泊桑十分同情母亲，惧怕、憎恶父亲。作品中于连这一形象，就是父亲在莫泊桑心目中的形象。他狂放不羁，吃喝玩乐，无所不为；他不仅把自己的财产吃光花净，还克扣妻子儿子的财产。

无论在家乡诺曼底还是在巴黎，居斯塔夫走到哪里便放荡到哪里，在这一方面他比小说中的于连有过之而无不及。

洛尔还像约娜那样，有一个不肖的儿子，那就是她的次子艾尔维。

1877年，艾尔维入伍，在布列塔尼省的一支骑兵部队里任士官。1880年，他一调驻巴黎，就开始惹是生非。后来，他竟擅离部队，吃喝嫖赌，以致负债累累，给莫泊桑带来不少麻烦。

1880年10月，莫泊桑陪母亲在科西嘉岛疗养的时候，在给住在艾德路塔的表姐吕茜·勒·普瓦特万的一封信中气愤地写道：

我母亲此刻精神上十分痛苦，身体完全垮了。艾尔维对她的态度像一个坏蛋，常打电报逼她为他还债。另外，他还拒绝回部队，不断在巴黎欠下新债，而且提出种种条件。他简直是个浑蛋和无赖。

我给他寄去300法郎，他既不说一声谢谢，也不回信说收到了。我为什么要对你说这些呢？因为我母亲现在要把他打发到艾德路塔去，她管他3个月的饭吃。如果到时他还找不到个地方糊口，那就完全断绝对他的生活供应。她恳切地请你躲开他，尤其是不要借钱给他，因为他只想着向人借钱。

约娜的一切不幸，都实际发生在莫泊桑自己生母的身上。难怪他写来是那样绘声绘色、情真意切，引人共鸣。当然，洛尔不是约娜，约娜也不是洛尔，她是19世纪末法国资产阶级日甚一日冲击贵族阶级的历史写照，是贵族阶级让位给资产阶级的必然结果。约娜的悲剧是贵族阶级灭亡的挽歌。

创作长篇传世之作

莫泊桑要写出长篇小说杰作的宏愿成功实现了。至少在法国文学史上，像莫泊桑这样，在长篇、中篇、短篇小说三方面都作出杰出成就、都有杰作传世的作家，是极其罕见的。何况，《一生》仅仅是莫泊桑长篇小说创作成功的一个开端。

1884年6月到10月，莫泊桑在艾德路塔度过了整整5个月最舒畅时光。落成刚刚一年的吉莱特令他心旷神怡。温柔沉静的艾米诺的"恋人般的友谊"使他感到异样的甜美。

而尤其令他得意的是，长篇小说《漂亮朋友》在这短时间里一气呵成。要知道，他的第一部长篇小说《一生》却断断续续差不多用了5年时间才写成。

1884年10月26日清晨，莫泊桑写完了《漂亮朋友》这最后的轰轰烈烈的闹剧场面，就像一年前吉莱特竣工时那样兴奋。

10月底，莫泊桑从艾德路塔回到了巴黎。许多事等他去做：为报刊撰写定期刊载的稿件；为亚华尔编写新的短篇小说集；一次又一次地应召去夏纳探望重病的母亲。可他还是抽时间把已经成稿的《漂亮朋友》认真润色了一遍。

像《一生》一样，这部长篇新作也将先在《吉尔·布拉斯报》上连载。

1885年4月4日，莫泊桑交完稿，立刻起程去夏纳，然后由那里去意大利做一次盼望已久的旅行。由作家昂利·阿米克和画家勒格朗、瑞尔威3人做伴，莫泊桑在意大利漫游了大约一个月的时间。在威尼斯，他欣赏了伟大的画家提埃玻罗和委罗内塞的珍贵遗作；在罗马,他同美第奇学院的学生们共进过晚餐;在西西里岛的首府马勒摩,他参观过著名的嘉布遣小兄弟会会士的墓地和大音乐家瓦格纳完成他最后一部歌剧《帕西法尔》的那所住宅……

在莫泊桑看来,文明古国意大利自然是美不胜收。但是,按照预计,《吉尔·布拉斯报》应从4月6日至5月30日连载完《漂亮朋友》的全文,阿瓦尔出版社的单行本也该在5月中旬问世。外界对这部小说的反映如何,不能不令他有悬念。

如果说,他的第一部长篇《一生》仍然局限在个人生活这个较狭窄的范围内,那么,他在1885年5月11日出版的第二部长篇《漂亮朋友》就把目光投向新闻界和政界,具有丰富得多的内容,堪称一部揭露深刻、讽刺犀利的社会小说。

农民出身的杜洛伊胆大妄为,冷酷残忍,凭借漂亮外表独闯巴黎,厮混于巴黎贵夫人的圈内,如鱼得水,演出了一幕幕荒淫的闹剧。

而那些戴着绿帽子的丈夫们却争相举荐、提携他,使他很快步入上流社会,成了一个政治暴发户。小说揭示了上流社会的空虚、荒淫、堕落,展现了资产阶级政客的厚颜无耻,揭露了政治界、新闻界黑暗的内幕,对黑暗的社会现实进行了有力的批判。这部小说在世界上有着十分深广的影响,具有很强的现实意义。

首先,《漂亮朋友》暴露了当时新闻界的黑幕。报纸从它诞生之日起,就是各个阶级和党派斗争的工具和喉舌。巴尔扎克在半个世纪以前写出的《幻灭》,已经揭露过报纸在制造社会舆论上的巨大作用。莫泊桑的揭露大大发展了一步。

在《漂亮朋友》中,报纸是操纵在财阀和政客手中的工具,《法兰西生活报》的后台老板是一批众议员,被称为"瓦尔特帮"。瓦尔特是一个实力雄厚的南方犹太富商,身为众议院议员,他在议院形成一股强大的势力。他是金融家,善于利用政治进行投机。

瓦尔特深谙报纸的作用，创办了《法兰西生活报》。用他的话来说，他的报纸是半官方性质的。他巧妙地让这份报纸容纳各种思想，让包括天主教的、自由主义的、共和派的、奥尔良派的思想同时并存。并非他没有任何政治主张，他只是以此来掩盖自己的真正目的。他创办这份报纸，是为了支持他的投机事业和他的各种企业。

由于瓦尔特手段高明，消息灵通，使《法兰西生活报》身价大增，巴黎和外省的所有报纸都对它刮目相看，从它那里寻找消息，引用它的文章，它最后成了内阁的喉舌。

小说生动地描写了瓦尔特帮如何利用这份报纸操纵政局：为了让他们当中的重要成员拉罗舍·马蒂厄上台，瓦尔特利用报纸制造舆论，实现了倒阁阴谋，拉罗舍·马蒂厄终于当上了外交部长。这个人物是典型的政客，他既没有胆略，也没有真才实学，表面拥护共和，其实是个自由主义分子，从来不择手段。这种人如同兽粪上生长出来的毒菌。

实际上，拉罗舍·马蒂厄只是瓦尔特帮在政治上出头露面的代表而已，一旦他的生活丑闻暴露以后，瓦尔特便不留情面地一脚把他踢开。由财阀操纵报纸，在政界和投机事业上大显身手，这就是《漂亮朋友》所揭示的第三共和国的报界黑幕。

拉法格对莫泊桑"敢于揭开帷幕的一角，暴露巴黎资产阶级报界的贪污和无耻"，表示极大的赞赏。

6月1日，当他从西西里岛返抵罗马时，收到近期从国内来的邮件，他才知道《漂亮朋友》在巴黎激起的反响远远超过他的预料。

《漂亮朋友》的尖锐揭露引起了强烈反应，新闻界的反应最是强硬，已有好几家报纸发出了抗议的吼声，有人攻击莫泊桑在影射某份报纸及其主编。

莫泊桑作了针锋相对的回答，指出报纸的势力伸展到四面八方，"在那里可以找到一切，也可以利用它无所不为"。他并不讳言《法兰西生活报》由一帮政治投机者和掠夺金钱的人所把持，"不幸的是现实生活中就有几份这样的报纸"。

莫泊桑同好几份报纸有着密切的关系，他是否影射这几份报纸不得而知，但毫无疑问，他对报纸的种种黑幕是了如指掌的。好在他描写的人物是一种典型的概括，同真人真事有很大距离，因而没有引起进一步的麻烦。

巴黎报纸针对《漂亮朋友》的聒噪，并没有使莫泊桑惊慌或者沮丧；相反，他暗自心喜，因为他一向把批评家们的攻击视为最见效的广告。

小说更揭露了当时法国政府的殖民地政策。从1880年至1885年，法国公众对殖民地问题十分关注，因为在最初3年，法国政府在非洲和亚洲地区采取了一系列行动，尤其是于勒·费里对突尼斯的干预最引人注目。

在这期间，巴黎交易所的行情出现极大波动，由此引发的财政投机异常活跃。这些投机活动与政客、政府成员、参议员或众议员密切相关。例如于勒·费里的兄弟沙尔·费里在法国的埃及银行中拥有股份，而这家银行在突尼斯开设了分号，参与创立了突尼斯的土地信贷，大发横财。又如参议员古安，在西格弗里德银行的支持下制造火车头，参加建设突尼斯的博纳至盖尔玛铁路。

莫泊桑对当时的政局十分关注，他在《高卢人报》和《吉尔·布拉斯报》上发表了不少文章，揭露远征突尼斯的计划、殖民者在阿尔及利亚的敲诈勒索、政治家的贪婪等，他指出当局打着爱国的旗号进行殖民扩张政策，具有极大的欺骗性。

莫泊桑并没有简单地把现实问题搬进小说中。他以摩洛哥来代替突尼斯，但是读者却非常清楚他写的是何处的局势。

莫泊桑的高明之处还在于把法国政府对突尼斯内政的干预，以致将突尼斯变为保护国的行动当作背景来写，而突出这一军事行动跟公债行情涨落所造成的结果。

小说描写瓦尔特在报上散布政府不会采取军事行动的烟幕，大量收购公债，一夜之间赚了三四千万法郎；另外他还在铜矿、铁矿和土地交易中捞到了大约一千万法郎。"几天之内，他就成了世界主宰之一，万能的金融寡头之一，比国王的力量还要大。"

莫泊桑的描写揭示了资产者利用政治局势大发横财的现象，揭露之深刻是空前的。司汤达虽然认识到"银行家处于国家的中心，资产阶级取代了贵族在圣日耳曼区的位置，银行家就是资产阶级的贵族"，但他在《吕西安·勒万》中只写到银行家与政治的一般关系，还没有像莫泊桑那样生动而具体地描写金融家利用政治局势激增财产。巴尔扎克在《戈布赛克》《纽沁根银行》中写过金融家对政局的操纵，但也只是泛泛提及，缺少深入具体的描写。

由此看来，《漂亮朋友》有关这方面的描绘，无疑反映了重大的社会现象，是对19世纪上半叶现实主义文学的一大发展。

历来的批评家都认为莫泊桑的短篇小说在思想内容上还缺乏深刻性，他的其余5部长篇也有这个缺陷。可是，《漂亮朋友》就其涉及的内容之广，就其揭露政治和金融之间关系的内幕之深，就其对报纸作为党派斗争工具以及记者如何炮制新闻、利用报道作为广告、能自由进出剧院和游乐场所等抨击之烈而言，明显地突破了莫泊桑不触及重大政治问题和重要社会现象的一贯写法。

在思想内容上，《漂亮朋友》完全可以跟司汤达、巴尔扎克和福楼拜的作品相媲美。

评论家认为：

《漂亮朋友》产生在标志着第三共和国历史特点的投机活动第一个重要时期最辉煌的时刻，堪称是这一时期重大事件所孕育的杰作。

这个评价是恰如其分的。正因为这部小说具有巨大的认识价值，所以恩格斯表示要向莫泊桑"脱帽致敬"。

小说的优秀之处，还在于塑造了一个现代冒险家的典型。这个冒险家不是在东方的殖民地进行投机活动的人物，而是不择手段爬上去，在短时期内飞黄腾达，获得巨额财产和令人注目的社会地位的无耻之徒。

用莫泊桑的话来说：

> 这是一个冒险家的生平，他就像我们每天在巴黎擦肩而过，在现今的各种职业中遇到的那种人。

莫泊桑写出了这种人物是如何产生的：这是在当时的历史条件下，人物的特殊经历和他的性格相结合的产物。杜洛瓦在北非的殖民军里待过，练就了残酷杀人的硬心肠。有一次去抢劫，他和同伴断送了3个当地部族人的性命，抢到了20只母鸡、两只绵羊和一些金子。

他在巴黎回想起这段经历时还露出一丝残忍而得意的微笑。他觉得自己心里保存着在殖民地肆意妄为的士官的全部本能。同时他又是一个机灵鬼、一个能随机应变的人。残忍而邪恶的经验与他狡黠的个性相结合，在巴黎这个冒险家的乐园里，便滋生出这样的野心家。

杜洛瓦的如愿以偿，在于他抓住了两个机会。第一个机会在报馆。莫泊桑认为，"他利用报纸，就像一个小偷利用一架梯子那样"。如果说，他以自身经历为内容的《非洲服役散记》恰巧适应了当时的政治需要，那么待他熟悉了报社业务，便直接参与倒阁阴谋，舞文弄墨，大显神通，成为瓦尔特帮重要的笔杆子，受到了老板的赏识与提拔，当上了"社会新闻栏"的主笔。

然而，杜洛瓦在报馆的青云直上还得益于和女人的关系。利用女人发迹是杜洛瓦的第二个也是最具有特色的手段。

杜洛瓦的本钱是有一副漂亮的外表,在女人眼中,他是个"漂亮朋友"。他敏感地发现原政治版主笔、病入膏肓的福雷斯蒂埃的妻子玛德莱娜与政界人物交往频繁,文笔老练,抓住她便可在报馆站稳脚跟。于是他大胆地向她表示,他愿意在她丈夫死后取而代之。他果然如愿以偿,当上了政治版主笔,成为新闻界的知名人物。

与此同时,瓦尔特的妻子成了杜洛瓦的情妇,他在瓦尔特身边有了一个人替他说好话。接着,由于倒阁成功,杜洛瓦获得十字勋章,他的姓氏变成了有贵族标记的杜·洛瓦。但当杜洛瓦得知瓦尔特和拉罗舍·马蒂厄发了大财,自己只分得一点残羹以后,顿时勃然大怒,一个计划在他心里酝酿成熟了。

杜洛瓦毅然地抛弃了瓦尔特的妻子。随后他侦察到自己妻子的诡秘行动,导演了一场捉奸的闹剧,一下子把拉罗舍·马蒂厄打倒了,又与妻子离了婚。最后,杜洛瓦一步步接近瓦尔特的小女儿苏珊,把她拐跑,威逼瓦尔特夫妇同意他娶苏珊。

老奸巨猾的瓦尔特虽然气恼,但头脑是清醒的。他认识到杜洛瓦并非等闲之辈,此人将来一定能当上议员和部长。他感到不如息事宁人,顺从杜洛瓦的意愿,因此不顾妻子的坚决反对,应允了杜洛瓦提出的要求。

在杜洛瓦盛大的婚宴上,教士用近乎谄媚的词句向他祝福:

你们是世间最幸福的人,你们最为富有,也最受尊敬。特别是您,先生,您才华超群,并通过您的道德文章而给芸芸众生以指点和启迪,成为民众的引路人。您身上肩负着伟大的使命,您要给他们做出表率来。

教士的话代表社会、官方对这个流氓恶棍式的冒险家的成功表示赞许，但从中也透露出作者无情的、辛辣的讽刺与抨击！

杜洛瓦的形象不禁令人想起巴尔扎克在《幻灭》中描写的青年野心家吕西安。

吕西安是个失败者，因为他缺乏的正是杜洛瓦的无耻和不择手段。同样被美色所迷醉，吕西安却不能自拔，以致被敌人利用，终于身败名裂。而杜洛瓦却能驾驭其上，一旦他的情欲得到满足，即使将情妇抛弃也在所不惜；女人只是他寻欢作乐和向上爬的工具。吕西安将自己对女人的追求公之于众，而杜洛瓦却在暗地里进行，既大胆又无耻。他同时和几个女人保持通奸关系，更显出他灵魂的卑鄙。

当杜洛瓦得知妻子接受了一大笔遗产以后，起先闷闷不乐，随后他厚颜无耻地要分享一半。他对金钱的渴求胃口越来越大，这一点又是吕西安无法比肩的。

杜洛瓦看到社会上充斥弱肉强食的现象，上流社会的人物道貌岸然，骨子里却是男盗女娼，外交部长拉罗舍·马蒂厄就是一个代表。他于是也奉行这种强盗与伪君子的哲学。必须凌驾一切，就是他的座右铭。

小说结尾，杜洛瓦爬到了社会的上层。

杜洛瓦无疑是资产阶级政客的典型，他的寡廉鲜耻达到了无以复加的地步。莫泊桑把法国文学中常见的"戴绿帽子"的题材与描写资产阶级政客的发迹结合起来，以刻画他们的丑恶灵魂，这是别出心裁的创造。

莫泊桑在《论小说》一文中指出：

> 一个优秀的艺术家要写出感情和情欲是怎样发展的，在各个社会阶层里人是怎样相爱、怎样结仇、怎样斗争的；资产阶级利益、金钱利益、家庭利益、政治利益，是怎样相互交战的。

莫泊桑在《漂亮朋友》中就是这样描写的。他通过一个冒险家发迹的经历，深刻地揭示了第三共和国的政治、经济的复杂现象。《漂亮朋友》不愧为19世纪末叶法国社会的一幅历史画卷。

莫泊桑同自然主义有千丝万缕的联系，而又保持了严格的现实主义写作方法。一方面，他认为艺术家不能把生活平庸地摄取下来，而要对现实作出更全面、更鲜明、更深刻的描画；这种描画要具有诗意，富于感情色彩，或者是欢乐的，或者是忧郁的。

他是自然主义小说家之中唯一对文体美怀有最大兴趣的。在遣词造句上，他做到了朴实、简洁、准确，并且一以贯之。

《漂亮朋友》是标志莫泊桑长篇小说最高成就的作品，也是他最为畅销的作品。小说在短短4个月内就出版了37版，其销路之畅销堪与左拉的《小酒店》媲美。

《漂亮朋友》进一步证实了莫泊桑在长篇小说创作方面的出色才能。与第一部长篇小说《一生》相比，《漂亮朋友》不仅篇幅大、人物多、线索复杂，表现出作家驾驭鸿篇巨制的精湛技艺，而且在反映社会现实的广度和深度上都有长足的进步。

正如莫泊桑自己骄傲地宣称的：

我像流星一样进入文坛，给19世纪末叶的法国文坛带来了耀眼的光辉和灿烂。

从此，莫泊桑的影响遍及全世界，每当提起莫泊桑三个字，人们不禁便想到那个曾经以《羊脂球》闻名于世界的法国短篇之王，那个在短短的20多年里创作了如此之多作品的圣手奇才。

英年早逝

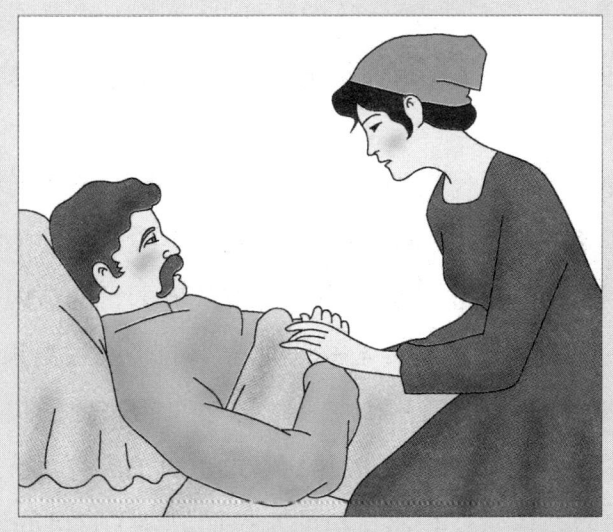

人生活在希望之中。旧的希望实现了,或者泯灭了,新的希望的烈焰随之燃烧起来。如果一个人只管活一天算一天,什么希望也没有,他的生命实际上也就停止了。

——莫泊桑

写作《温泉》弟弟结婚

1885年6月初,莫泊桑从意大利归来。既然《漂亮朋友》已印行了37版,而且随着雨果逝世的冲击波逐渐退去,销售量已经回升,巴黎也就没有什么令他烦心的事了。

在短篇小说方面已达到公认的前所未有高度的莫泊桑,在《一生》和《漂亮朋友》连连报捷以后,已决定把创作的重点转移到长篇小说上来。

1885年的7月底,莫泊桑因为城市的喧嚣,来到了沙泰尔吉雍镇。这里是著名的温泉用地,泉水的矿物质含量较高,对许多疾病具有很好的治疗作用。莫泊桑到这里来也有疗养的目的在内。

莫泊桑一边疗养,一边专心构思他未来的小说《温泉》。这时候,左拉正住在80英里外的道尔山的一家旅馆里为写他的类似题材的小说而实地观察、采访,大做笔记呢!不过,莫泊桑捷足先登。待他的《温泉》发表时,依然在积累材料的左拉便放弃了自己的计划。

莫泊桑在那里很快就发现了两个猎物,这两个美貌而神秘的女子的奇异表现,令莫泊桑感到好奇。于是他设法接近她们,几天后,他们就成了"好朋友"。10余天后,莫泊桑的体重就减了1000克。

1885年8月中旬,《温泉》的构思大抵完成,莫泊桑便返回巴黎。巴黎疯狂、混乱的生活依然不容许他静心写作长篇:今天玛蒂尔德公主邀他去圣格拉蒂安做客;明天朋友们拉他去诺曼底打猎;除了在巴黎的多头"恋爱"外,还要去艾德路塔看望温柔的艾米诺。

他与艾米诺从1883年结识于艾德路塔以来,始终保持着亲密的友谊。

直至这年年底，莫泊桑照例到南部地中海沿海过冬时，才得以精力集中地进行《温泉》的写作。

母亲住在戛纳。莫泊桑则在离戛纳10英里的昂第勃城拥有一座别墅。他在客厅里工作，一张独脚的圆桌权当书桌。他整个上午都闭门写作。他在客厅里踱来踱去，待到把句子完全琢磨停当，便坐下来挥笔疾书，写罢又离案踱步，周而复始。就这样，长篇小说《温泉》稳步地进展着。

夏天炎热的日子急速过去，午后是莫泊桑的户外活动时间。他有时在院子里练习手枪射击，与克丽牡一起看着老克修剪草坪。有时他去林中散步，但更多的时间是去海上驾驶帆船。

莫泊桑在1883年购买的一艘白色"小路易丝号"刚刚被一艘帆船所取代。这大船是小说家兼记者保尔·索尼埃尔转让给他的。帆船原来以索尼埃尔的代表作"长剑"命名，现在莫泊桑如法炮制，将船更名为"漂亮朋友号"。

午饭后，当莫泊桑兴冲冲地来到"漂亮朋友号"停泊的桑丽湾时，贝尔纳早已把"漂亮朋友号"的旗帜升在杆头。主仆二人立即熟练地操纵着风帆，驶向一望无垠的碧蓝的地中海。他们根据风向决定航线，有时西至戛纳，有时东至尼斯。每天下午，数10英里的水域上总可见到"漂亮朋友号"矫健的身影。

莫泊桑并不在哪里登岸，只为在海上漫游。莫泊桑之乐，在乎云水之间。到了深夜，莫泊桑就在渔夫家与老朋友们聊天，或与他们喝杯酒才回家。

1886年1月上旬的一天早晨，莫泊桑接到母亲从戛纳写来的信，说艾尔维就要结婚了。

不争气的弟弟，在军队里混到中士就退伍了。近年来，他一直住在昂蒂勃，靠哥哥在经济上的帮助，在这自然条件得天独厚的园艺之城玩花弄草。虽说他依旧是不务正业，但总算是劣迹稍敛。莫泊桑自已把婚姻视为枷锁，听说弟弟要成家，却喜出望外。在他看来，这是野马归槽的前兆。

"弗朗索瓦，叫马车！走，去给艾尔维买一件礼物。还有，买安第普的车票，明天跟我一起到南部去。"莫泊桑不由分说就拉着莫名其妙的弗朗索瓦出门而去。

1月19日，艾尔维和玛丽·苔莱丝·芳同·德·艾东举行了隆重的婚礼。

从教堂出来，莫泊桑若无其事地提议："走格拉斯路好吗？并没有绕太远。我去那里办一件小事。我和妈先走，你们随后跟着。"

母亲和新婚夫妇当然都无异议。在格拉斯路的一道栅门外，莫泊桑和母亲的马车先停下，艾尔维和新娘乘的马车也随后停下。

艾尔维问："吉，停在这里做什么？"

莫泊桑回答："进去，给你看一样东西。"

洛尔说："吉，到底怎么了？客人会奇怪我们到什么地方去了。"

莫泊桑轻轻拍着母亲的手，拉着她下了马车："放心吧，妈妈。"

他带着母亲和新婚夫妇推开栅门走进去。那是一个很大的植物园，有大片大片的花坛，还有苗圃、温室。虽值冬季，这里却是百花竞妍。

艾尔维赞羡地说："天呀！谁家这样大的植物园？"

莫泊桑诚恳地说："艾尔维，这是我送给你们的礼物，包含着我由衷的爱情。你成了家，也该立业。好好做一个园艺家吧，经营好这个植物园。可以把种的花运到戛纳、尼斯、芒东去卖。"

洛尔对莫泊桑说："谢谢，你太好了。这是他长久以来的梦想。"

艾尔维的眼圈湿润了："给我？吉，这要费你很多钱啊！等你结婚了，就到昂蒂勃来，和我们住在一起吧！"

然而莫泊桑只淡然一笑。他知道，自己注定终身是一个飘零的孤独者。

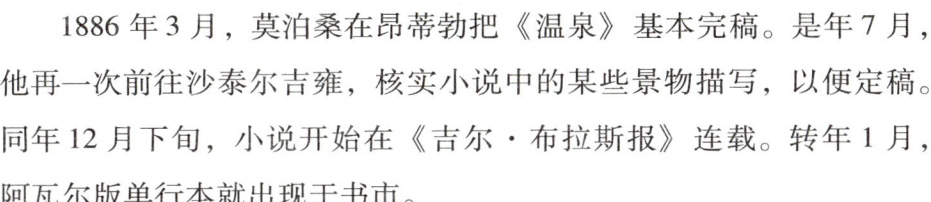

1886年3月,莫泊桑在昂蒂勃把《温泉》基本完稿。是年7月,他再一次前往沙泰尔吉雍,核实小说中的某些景物描写,以便定稿。同年12月下旬,小说开始在《吉尔·布拉斯报》连载。转年1月,阿瓦尔版单行本就出现于书市。

《温泉》把《一生》和《漂亮朋友》的主题融合。书中将昂德玛持和奥里奥尔一些人追求金钱利益的角逐写得绘声绘色,只是其社会讽刺的锋芒不如《漂亮朋友》那样犀利。像《一生》中的约娜一样,被骗、受害的孱弱女子克莉丝蒂娜的悲剧也写得哀婉动人。作家对奥弗涅大平原、多姆山脉、昂瓦尔峡谷、塔兹纳湖等自然景物的多彩多姿的描绘,更给人以强烈的艺术享受。

但是,与《一生》相比,莫泊桑对他所描写的现象的道德态度却大大降低了。

莫泊桑的忠仆弗朗索瓦·塔萨尔后来这样对人说:"《温泉》就是波托卡伯爵夫人。"

莫泊桑一直游弋于上流社会的淑女贵妇们之间。

波托卡伯爵夫人是莫泊桑热恋过的又一个上流社会女子。她祖母是英国人,父亲是意大利的一个大显贵,丈夫是奥匈帝国驻法国大使馆的随员。她自由无羁,在巴黎弗里兰路拥有一座豪华的公馆。她具有一般女人所缺少的强壮,浑身散发出一种独特的美。她那仿佛古希腊人的容貌不知令多少巴黎上流社会男子心荡神迷。

她经常召一群追慕者在家里晚宴取乐,其中有作家、医生、政治家等各界名流。她说只要她愿意,她可以召集法兰西学士院的所有院士。她依恃自己的美色,对追慕者极尽捉弄之能事,有时甚至达到残酷的程度,所以又有"美人鱼"的外号。

他们至少在《一生》写作期间就已相识。而波托卡伯爵夫人一定和莫泊桑谈过这部小说,并发表过意见。

1883年《一生》出版后,莫泊桑在给波托卡夫人的信中写道:

> 夫人，《一生》销售情况极好，再没有什么比这次的成功更令我满意的了。您可知道，我的成功大部分都应归功于您？我要屈膝下跪来向您表示感谢。

这位任性的少妇，出身贵族世家，有着非同一般的文化素养和艺术鉴赏力。莫泊桑不久就按捺不住自己的爱慕之情。他献一把折扇，并在题诗中表示了对她的崇拜。

> 一边吟诵圣母经，
> 莫非我是在梦中？
> 愿上帝把我饶恕！
> 我认为您就是圣母。

但波托卡伯爵夫人更像是美人鱼。她不断激起莫泊桑的希望，又不断使他陷于绝望。她经常约莫泊桑单独会面，可是等莫泊桑满怀热望地赶到，却见她身边围着一大群男士。

可是，明知如此，莫泊桑还是抵抗不了她的魅力。他自我解嘲地说："唉，男女之间，无非是一场游戏！"

无休止地游戏人生，使莫泊桑经常产生幻觉，他周围包裹着黑暗的深渊和恐怖的空间，在街灯下可以看到凶恶的妖怪或吸血鬼等。他永远也忘不了少年时刮风那天，父母吵架被他看到的恐怖情景。他不相信婚姻，他永远告诫自己："人要各自保护自己。"

积劳成疾病症显现

莫泊桑倾注了前所未有的热忱和意志去写作，情节如泉水，不断地涌现，以自己都感到惊讶的鲜明度给各场面着色、润饰，许多人物争先恐后地挤着要在纸面上诞生。就这样，《睡榻》《依维特》《发现》《项链》《幽会》《上校的想法》《伦德利姐妹》《彭巴尔》《小丑》《持票人》等短篇小说相继出生。

同时，莫泊桑以新闻界和普鲁华尔的生活为题材，执笔写《好朋友》。

人生一切惨痛的美，占据了莫泊桑的心。贫困的、褴褛的、奇怪的东西，穷苦生活中的调和，平凡的行为所包含的魅力，他已经全部了解了。人生在他心中再无秘密，他早已看穿了。

诺曼底原野甘美的悲哀的绿色包围着他，他沉醉于人生的美酒。像小鸟一样爱天空，像小野马一样驰骋而爱密生的草，像鱼一样爱清澈的水。他在自己体内感到原野一切动物的生命，活生生地活着的一切本能、一切欲望，那是活着而且成长的东西。他在心中对自己说："爱吧，吉。因为你孤独，爱吧！"

冬天的脚步已经走近了，香榭丽舍路两旁的树开始落叶，橙色的太阳照着街道。

莫泊桑应表兄路易·卢·波花特凡的请求，已经搬到萝莎公园不远处的巴黎最高尚的地区蒙沙纳街居住。路易就住在他的上层。这次搬迁，表示莫泊桑已经加入了富翁、名人、成功者的上流社会阶层。

这天晚上，路易不在家。不过，莫泊桑感觉到他的头痛又要发作了。当他搬出艾德路塔时，他的专门医生曾经提醒他，如果头痛再发作时，可以用凡士林搽在颈部。

莫泊桑搽过后，就躺在沙发上休息。过了20分钟后，头痛更厉害了，痛得他冒出了冷汗。他扼住自己的喉咙，感觉两只眼睛都要爆裂从眼眶中冲出来一样。他痛苦，无力思考，就像死了一样直挺挺地躺着。

但是莫泊桑知道，必须想办法求救。当他感到沙发好像要陷进去时，他其实已经躺到了地上。他伏在地上，伸着手摸索着去找门的位置。费了好长时间，他终于站起来，两手在墙壁上摸索。

他没有找到麻醉药，痛苦地倒在衣橱上，大花瓶滚到地上摔得粉碎。

莫泊桑终于冲出了屋外，他来到院子里，黑暗中有冰凉的雨点落到他的脸上。他眼前似乎出现了万道金光，而他就在这金光闪闪的迷宫中。他试着往前寻找通道，而金光也随之后退。

慌乱中他抓住了一个人。那人大叫一声："浑蛋！不知道给别人让路吗？"是个女人的声音。

莫泊桑恳求着说："我病了，送我回家，在10号。去找管理员，求你。"勉强说完这句话，他的脑子里就"嗡嗡"地响作一团。

一小时后，路易介绍的罗斑医师为莫泊桑注射了止痛药，莫泊桑感觉好多了。他看着医师在床前来回地走动着，他也盯着他的影子，"等药性退后，是不是还会发作？"

医生说："是风湿病影响了心脏和肝脏。头痛其实并不要紧，问题在于注意休息和营养。"

莫泊桑问："我打算在法国南部过冬，是不是有害处？"

医生说："不会。"

"那好，我去洗一个冷水浴，心情会舒畅一些。"

医生又说："不，无论如何淋浴都不好，最好还是不要用淋浴。"

还在莫泊桑青春年少时，20多岁还不到30岁，正值风华正茂之际，病痛就一步步无情地降落到他的头上。

那时，他是多么的身强力壮。他在塞纳河上挥桨弄舟，英姿焕发，令伙伴们赞羡不已！可是，大家正玩在兴头上，刚才还生龙活虎的他会突然停桨，呆视前方，神情沮丧地僵立不动。

伙伴们问道："你不大好吗，吉？"

莫泊桑却毫不在意地说："不，我只是有点儿头痛。"

莫泊桑不大在意，伙伴们也以为是感冒、饮酒过量，或户外活动过多烈日炙烤的结果。然而，这正是病魔着着实实地袭来的第一步。

19世纪70年代末，情况已经恶化到这种程度：他有时会因为剧烈的偏头痛而摔倒在地。

莫泊桑从1876年开始明显的脱发。医生们对此作出了完全不同的解释：1876年，两位医生诊断为梅毒感染；1878年，巴黎医学院的权威却认为这与梅毒全然无关，而是风湿病损害胃及心脏，最后影响到皮肤所致。

1878年，海军部鉴于"部直机关二等雇员莫泊桑先生需要去鲁埃施温泉疗养"，而准他休假两个月。他的病情已相当严重。

那最使他痛苦不堪的病症，几乎是同他的功名一起到来，与他的作家生涯同时开始的。就在他的成名作《羊脂球》问世前不久，1880年2月，他突然感到自己的右眼几乎什么也看不见了。他多方求医，有的医生说无法治疗，有的医生说可以痊愈。事实上，时好时坏的眼疾和偏头痛，成为他不堪其苦的两大祸害。

1883年，一种虽然并不使他的肉体多么痛苦，但却使他的精神受到极度刺激的病征开始出现，这就是幻觉。

有时，他站在穿衣镜前，但在镜子里却看不到自己的身影。这使他毛骨悚然。他呆立在那里，过了5分钟，才看到自己的影像从镜子深处逐渐显现。

有时，他正在侃侃而谈，却戛然而止，两眼直直地盯着远方，紧锁双眉，似乎在倾听什么声响。

有时，他竟清醒地进入梦境：似乎他仰卧在海边的沙滩上，突然，感到自己在向下滑动、滑动，滑向深不可测的无底洞。

到了19世纪80年代中后期，他的幻觉已经达到了很可怕的程度。

有一天，梅兹罗瓦送走莫泊桑，正坐在自己家里看着稿纸，"唉，明天又得交出报纸连载小说的续稿了。总之，我是一个重力劳动者。"

突然门外有人喊："梅兹罗瓦！"

梅兹罗瓦跳起来去开门，"莫泊桑，你回来……怎么搞成这样？"

梅兹罗瓦发现，莫泊桑站在门外，大瞪着两眼，脸色苍白，身体斜倚在门上，全身瑟瑟发抖。

梅兹罗瓦伸出手扶住莫泊桑的肩膀，怕他会昏倒过去。但莫泊桑一边发抖，一边奋力挣脱梅兹罗瓦的扶助，好像他根本不知道自己身处何地。

梅兹罗瓦又问："莫泊桑，你受伤了吗？"

莫泊桑头上滚下大颗的汗珠。"我……"他大口喘着气，说不出话来。他的帽子不知丢到什么地方去了，衣服上沾满了泥土，看来摔了不少的跟头。

莫泊桑费力地摇着头："鬼魂……有鬼魂。"

梅兹罗瓦惊恐地打量了莫泊桑一下，把他拉进门内，一下把看门人关在了门外。

他把莫泊桑扶到沙发上，"坐吧，要喝点什么？"

刚刚分手20分钟，莫泊桑一定没有喝过酒，于是梅兹罗瓦去拿了杯子，倒了白兰地递给他。

莫泊桑接过来，牙齿碰得杯子"啪啪"直响，酒顺着下巴流下来。还好，他一会恢复了精神。

他惊魂未定地说："我回到家里，可是，他在我的桌上，他还在那里。"

梅兹罗瓦不解地问:"谁在那里。"

莫泊桑看着梅兹罗瓦:"和我一模一样的人,是我的鬼魂。他坐在我的椅子上,在阅读我今晚出门前阅读的书。"

梅兹罗瓦感觉一阵凉气从脑后蹿出。"喂,放松点,那只是你的胡思乱想罢了。"他安慰说。

莫泊桑摇摇头:"不,绝对不是。"

梅兹罗瓦只好说:"好,不是。你把杯里的全喝下去。"

莫泊桑喝掉了杯里的酒。其实梅兹罗瓦也没给他倒多少酒。

梅兹罗瓦忽然说:"也许是这样,你走进屋子,镜子里突然出现了你的影子。"

"不是镜子,他就在椅子上。我进去时,他安静地坐在那里。"

梅兹罗瓦又说:"我想肯定是你的幻觉,是不是只有一两秒钟?"

莫泊桑痛苦地回忆着:"我站在那里,盯着他……"他把身体直直地靠在椅子上,苦闷地说:"梅兹罗瓦,如果方便的话,陪我一起回家好吗?我害怕一个人回去。"

梅兹罗瓦说:"这没问题。以前发生过这种事吗?"

莫泊桑又拿杯子在嘴上舔了一下:"不……有过,但是不完全一样。有一次我在镜子里看到他站在我旁边,那也许是光线折射的作用,很快就没有了。"

梅兹罗瓦释然了:"就是啊,这次不是差不多嘛!"

过了15分钟,莫泊桑已经恢复常态。梅兹罗瓦问:"我们可以走了吧?"

"好,走吧!"

两个人一起来到蒙沙纳街。

莫泊桑掏出钥匙打开门,梅兹罗瓦点亮了入口处的煤气灯。

莫泊桑打开书房门,让梅兹罗瓦进去。屋内灯光明亮,保持着莫泊桑出去时的样子。

莫泊桑低声说:"就在里面那间房里。"

梅兹罗瓦走在前面,莫泊桑紧跟在后面。但房间里什么人也没有,椅子安稳地放着,书翻开着竖在桌子上。

梅兹罗瓦笑着说:"除了安静和舒畅,什么也没有,净胡闹。"

莫泊桑仍然站在门外,"嗯"了一声。短短的沉默之后,他说:"谢谢你陪我回来。"

梅兹罗瓦握了握莫泊桑的手,轻松地耸耸肩,然后走了出去。

莫泊桑关上门,把所有的灯都点亮了,在屋子中央站了好久,才慢慢地走到椅子前坐了下来。

如果没有这些过眼云烟般的女人们,如果没有这些莫名其妙的顽症,莫泊桑也许会健康长寿。

他的小说是伟大的,但他的婚恋思想是渺小的、不足取的。正是他的可怕的泛爱哲学,使他一生都无法享受温馨的家庭和幸福。

另外,他的讳疾忌医也是可怕的,这使他怀疑并顽固地不听医生的劝告,从而使病症加深,终究深深伤害了自己。

诺凯·屠博士是医学界的权威,也是19世纪科学者的代表人物。洛尔与诺凯家在菲甘时曾有过交情,她和博士也自小就认识,于是她第二天就为儿子发去了指定诊察日期的通知单。

屠博士为莫泊桑诊察了好长时间,然后站在拿破仑半身像下面,一只手背后,一只手摸着下巴上的胡子说:"你患了消化不良,由于胃酸过多,血液循环发生轻微障碍。虽然不很严重……但它侵犯了神经。"

莫泊桑一点也不相信医生的话,他觉得是在浪费时间,他依然过着放荡的生活。

创作《奥拉》弟弟发病

《温泉》单行本问世后不到 4 个月，莫泊桑就出版了又一部中短篇小说集《奥拉》。这部包括 11 篇中短篇小说的集子轰动一时，其中那个题为《奥拉》的中篇更是举世瞩目。

《政治和文学年鉴》杂志立即转载《奥拉》，并冠以如下的按语：

> 吉·德·莫泊桑先生刚刚出版了一部中篇小说，引起巨大的反响。小说题为《奥拉》。本刊现获准转载，我们的读者读了这篇奇异、神秘的小说，定会兴味盎然。

"奇异、神秘"，这是这篇新作给人的突出印象。其实，奇异、神秘的色彩，在莫泊桑的作品中早露端倪。不过，中篇小说《奥拉》的奇异和神秘，却到了登峰造极的程度，而其艺术表现手法也精湛娴熟之极。

小说采用日记的形式。像作者本人一样，主人公"我"也是个单身汉。他住在鲁昂附近，塞纳河就从他窗前流过。一个明媚的早晨，他闲卧在房前草地上，繁忙的塞纳河里面千帆竞航。不知为什么，一艘通体白色的巴西三桅帆船特别令他注目。

几天后，他病了，连续的发烧使他经常毫无缘由地陷入忧郁，像有某种不可见的东西在作用于他的感官。高烧使他的心灵和肉体一样痛苦。他预感到危险和不幸即将来临。

他寝食难安，总觉得黑暗中有可怕的威胁，夜里挨到 22 时才上楼进入卧室，把门牢牢锁上。好不容易入睡了，却又噩梦连连：仿佛觉得有一个人走近他，瞧了瞧他，然后上了床，跪在他胸脯上，掐他的脖子，使他透不过气来。此后，每夜都重复这个噩梦。

他实在受不了这种折磨，便去风景胜地圣米歇尔山旅行。

在山顶，僧人向他谈起这地方的许多古老传说：有人夜间听到沙滩下有说话声，继而是两只山羊一强一弱的嚷叫声；有人在两次潮汐之间见一个老牧人牵着一只男人面孔的公山羊和一只女人面孔的母山羊，它们生着长长的白发，用人听不懂的语言争执不休。

主人公与僧人对这些传说的真实性进行了讨论。

旅行归来，他重又陷入噩梦的折磨。这一次，他觉得有人爬上床，俯在他身上，嘴对嘴吸他的活力。第二天夜里，他从噩梦中醒来，竟发现原来装满了水的长颈大肚玻璃瓶里已经空空如也！那只有可能是他自己喝的。

如果不是他成了夜游人，过着双重生活，就是有一个"外人"，在他灵魂麻木时驱使着他的肉体。

为了探明原委，他在桌上放了酒、牛奶、水、面包和草莓。试验了几次，结果相同：只少了水和牛奶，其余东西分毫未动。

最后一次试验使他恐惧到顶点：睡前，他用衬衣把装满水的玻璃瓶裹严，又用绳子把瓶塞捆紧；醒来后，衬衣和绳子如故，瓶中却滴水全无。

他当即离家去了巴黎。然而巴黎也是奇事迭出。一位研究神经疾病和特异现象的医生，当着主人公的面，让他的表姐入睡，然后让主人公站在表姐身后。医生递给她一张名片，告诉她这是一面镜子。表姐从这"镜子"里看到她身后的人正在用手捋胡髭，还从衣袋里掏出一张照片！

重返家园没几天，怪事又接踵而来。一天，他在花园里观赏一棵玫瑰花，忽见一朵花的枝茎弯了，就像有只无形的手把它折断，把花摘下了一样。接着，那花又做弧线运动腾空而起，就像有只手臂把它送到一张嘴边，然后就停在那里不动。

一天夜里，他睁开眼睛，只见桌上的书忽然掀开一页，几分钟后又掀开一页。椅子是空的，但他想，"他"一定坐在那里，正在读他的书呢！

他扑过去，要捉住"他"，杀掉"他"。可是他人还未到，椅子却翻倒了，好像有人从那里逃开；窗子也合上了，像有人越窗而去。

在这些恐怖的日子里，他反复思考后断定这是一种"新生物"。他从一本科学杂志上得悉，巴西的圣保罗省正蔓延着一种神经错乱症，患者纷纷离乡背井。他们声称有一些看不见的东西趁人们睡眠时吮吸他们的活力，这些怪物平时靠水和牛奶为营养。这使他想起不久前看到的那艘巴西帆船。想必是船上运载的这种怪物跳上岸来，附在他身上，取代了他的灵魂。他必须把"他"干掉。

一天夜里，他把刚安装的铁门铁窗大敞四开，感觉到"他"到来后，就若无其事地关上门窗，溜出房门，把"他"独自关在房内，点起大火，要把"他"烧死。但他突然想到，这可怕的东西有其一定的死期，不可能提前毁灭。既然"他"没死，他只得自杀！

莫泊桑把《奥拉》手稿寄给出版家时，就预见会引起非同寻常的反应。他向弗朗索瓦宣布：

> 今天，我已经把《奥拉》的手稿寄往巴黎。不出一周，你就会看到所有的报纸都说我疯了。随他们的便罢。其实，我头脑很健康，写这个中篇时，我很清楚自己在做什么。这是一部想象的作品，它一定会使读者震惊，会叫他们不止一次地打寒战，因为它太离奇了。

《奥拉》初次发表后，果然有人认为莫泊桑疯了。否则，一个正常人怎么能够如此精细、真切地写出一个人从忧郁、恐惧、幻觉到神经错乱的发展过程。

写作《奥拉》时的莫泊桑，头脑的确是清醒的，不过，病魔早已潜伏在他的身上，折磨着他，使他深刻感受病痛的煎熬和苦楚。

从1883年起，莫泊桑的偏头疼、神经痛、幻觉失眠、视觉障碍、消化不良、肢体麻木等症状全面加重。死亡正在威胁着他，他心里也充满了悲观绝望。

而这时，幻觉已经达到更可怕的程度。有时，当他伏案写作时，却又会听见有人开门。他回过头去，惊讶地看见自己走了进来，在自己对面坐下，口授他所写的东西，待到写完，这幻觉也便消失。

莫泊桑借《漂亮朋友》中伐仑的口，说出了自己对人生的理解：

人生是一道山坡。正上着的时候，都望着顶上，并且都觉得快乐；但是走到高处，就忽然望见下坡的道儿和那个以死亡为结束的终点。上坡的时候是慢慢的，但是下坡就走得快了。

从病魔刚刚缠身的那一天起，莫泊桑就以多种多样的方式与之奋力拼搏。他以塞纳河上放纵的游乐来向病魔挑战。他在陆地、海上、空中遨游，想把病魔远远抛在身后。他八方投医，不放过任何治疗的方法。他更以惊人的毅力强忍疾病的苦苦熬煎，坚持写作。

1887年前的5年间，他一共发表了长篇小说3部、游记1部，还有中短篇小说和专栏文章200余篇。每一篇作品，都标志着他同病魔的一场恶战，都是他以高昂的代价夺来的战利品。

然而，他的病症毕竟在日趋恶化。深受其苦的他，痛感人的生命脆弱，幸福不过是空梦一场。

在一篇题为《凄惨的闲话》的文章中，莫泊桑就心如死灰地哀叹：

> 自从我们的肉体开始缓慢地瓦解，每日，每时，每一分钟，我们都在逐渐地死亡。呼吸，睡眠，饮食，行走，办事，我们所做的一切，也即生活，都是死亡！

到了1887年，死亡已是莫泊桑眼前晃动着的影影绰绰的前景了。不过，死神并没有直截了当地给莫泊桑以致命的一击，而是出人意料地首先在他弟弟艾尔维身上显示了它的神威。

艾尔维自从在哥哥大力帮助下成家立业以后，专心致志于花木栽培和经营，光景不错，家庭生活也十分美满。

谁知，1887年8月的一天，艾尔维竟然精神病大发作，几乎将自己的妻子掐死。

这些年，眼看吉的病情日深一日，本来洛尔还可因艾尔维的健康自慰，可现在艾尔维也得了精神病。洛尔真是肝胆俱裂。

这一天，正在准备去孚日山区旅游的莫泊桑手拿一张电报，全身发抖。电报上写着：

艾尔维发狂，速回，母。

莫泊桑赶紧搭上夜行火车，立刻赶往昂蒂勃。在车上，他茫然地望着黑暗的窗外，疲倦得厉害，但却无法入睡。

女仆接过莫泊桑的行李，他奔进院内，母亲正从客厅里迎出来："我不知道你什么时候会来，你来得这么快，我很高兴。"

莫泊桑望着凌乱的室内，心痛地问："怎么回事？"

"他想勒死玛丽，幸好园丁在他们旁边，把他拉开了。医生来过后，他安静了。"

"是疯狂症吗？"

洛尔转头看着莫泊桑，固执地说："是日射病，吉，日射病。"说着，某种表情如闪电般掠过她的脸，语气也变了："医生说是脑脊髓膜，你去看看。"

莫泊桑立刻回忆起小时候他神态忽变，把自己关在黑暗的房间时的情景。

久病成医的莫泊桑从艾尔维发病时的种种精神失常的表现，立刻得出结论。他带艾尔维去蒙彼里埃的一家精神病院检查，医生那不便直言的判断也证实了他的结论。

从蒙彼里埃回戛纳的第二天，他就写信给住在巴黎的父亲：

艾尔维的头脑完全错乱了。昨晚吃晚饭中间，他竟锯起木头来，直到筋疲力尽。

莫泊桑是一个孝敬的儿子、尽职的兄长。这时，他不但在经济上供奉二老，而且慷慨地挑起养活艾尔维一家3口人的重担。艾尔维的病在精神上加之于他的负担尤其沉重。他处处要为这个精神病人操心，而他自己也正在经受着精神病的煎熬啊！

安葬弟弟病情加重

1888年的头几个月，虽然艾尔维的病情不断恶化，以致莫泊桑不堪其苦地哀叹："我生活在令人忧伤的一幕幕可怕的场景之中。"但这时莫泊桑的病情还算相对稳定。

1月，《两兄弟》单行本问世不几天，他就修订完一部题为《在水上》的游记。作品记述他乘"漂亮朋友号"游艇在地中海上所做的一次旅行。文章除了游记，还穿插了对往事的回忆和片段的思考，虽不像莫泊桑所说是他的一部"日记"，充满了他的"隐秘的思想"，却也是了解他生平和思想的一份有价值的材料。

3月，他动笔创作新的长篇小说《与死神一般坚强》。4月，修改中短篇小说集《于松夫人的贞德少男》。6月，到艾德路塔，为母亲的庄园寻求买主。

可是，从7月起，剧烈的偏头痛又频繁折磨着莫泊桑。9月，莫泊桑又躲到艾德路塔，他向友人悲凄地诉说："我由于偏头痛已整整两月没法写作了。"

莫泊桑在路上的行人之间走着，他想着："我必须逃走，离开这些人群。离开吧，与周围这些人们之间，非有距离不可。逃避对于现在的我，与空气一样重要。"

9月21日，莫泊桑为了治疗，前往萨瓦省的温泉胜地埃克斯。看来这里的矿泉水也奈何不了附着在他身上的病魔，疗养结果是毫无效应。

他的精神越来越紧张，他在母亲庄园的时候，就做着夸大的手势对园丁老克说："这里有蜘蛛，我的房间也很多，其他房间也一样，每张床都有蜘蛛。傍晚要注意开窗，那一阵子蜘蛛是从阳台爬进来的。老克，看到蜘蛛就杀死，听到没有？"

园丁困惑不解地皱着眉头回答："是，先生。"然后就躲开他走了。

眼看冷天将至，他又本能地向南迁徙。11月初，他动身去阿尔及利亚和突尼斯。

11月21日，他从阿尔及尔写信给斯特劳斯夫人：

我最要命的是头痛，于是我便在太阳——真正的、火热的、首先落山的非洲的太阳下，暴晒我疼痛的神经。

12月中下旬，莫泊桑返回昂蒂勃。可12月26日，他又出现在突尼斯！不过，在与疼痛的神经周旋的同时，他仍不失时机地写作。长篇小说《如死神一般坚强》就是这样脱稿，并于1889年5月出书的。

与《漂亮朋友》中的上层社会妇女不同，莫泊桑小说的新女主人公不是那种仅富于性感的女人，而是以自己的心灵深爱着奥利维埃。与《漂亮朋友》中的杜洛阿不同，奥利维埃的爱虽然转到女儿的身上，然而他追寻的还是昔日的母亲。

基于这种新的构思，莫泊桑运用在《两兄弟》中已经初试锋芒的手法，对奥利维埃和安妮的心理状态详加剖析。

还在《如死神一般坚强》写作过程中，莫泊桑就在给母亲洛尔的信中指出，这部小说将表达这样一种观点："生活既可怕，又温情，又无望。"

在这温情而又可怕的生活中，由于失去希望，奥利维埃甘愿接受死亡的命运，他是否"如死神一般坚强"，是大可有异议的。用这句话形容作家莫泊桑本人，倒是非常恰当。

面对死神的威胁，5月里刚出版了《如死神一般坚强》的单行本，当月底莫泊桑又投入了另一部长篇小说《我们的心》的写作。

8月初，莫泊桑给父亲写信道：

> 我精神迟钝，浑身疲软；我急需一种滋补和刺激这些器官的矿泉水。

可是，他还不能去痛饮他所急需的矿泉水。艾尔维的情况更紧迫。1889年8月11日，"精神迟钝、浑身疲软"的兄长，不得不强撑着病体，把弟弟送进里昂附近的布隆精神病院。

尽管他的记忆力在衰退，如他自己说的："我的思想就像从漏勺中一样逃逸。"送弟弟住院那天的情景，却永远留在他那日渐枯竭的脑海。

为了安定艾尔维的情绪，人们对他说是给他换一个休养的环境。一路上，艾尔维兴高采烈。可是，一见到精神病院的高墙铁门，他立即警觉起来。

莫泊桑哄骗艾尔维说："这是一位朋友的别墅，我们不妨看一看你是否喜欢住在这地方。"

艾尔维这才进去。

医生装做别墅主人，走在前面，艾尔维在后，莫泊桑尾随，来到二楼一个房间。艾尔维看到房内没有任何家具，并且弥漫着药味。心里又生疑团。

医生声音委婉地说："请走到窗边来。看，住在这里，外面的视野多美啊！"

艾尔维半信半疑地向窗边走去。而这时，遵照医生的暗示，莫泊桑悄悄向门口退去。艾尔维回头见此情景，恍然大悟，他要追随哥哥出来，但突然出现的两个强壮的看护牢牢抱住了他的双臂。

艾尔维声嘶力竭地吼叫道："啊！吉！坏蛋！你让人把我关起来！

你听着，你才是疯子呢！你才是家里的疯子！"

莫泊桑心如刀绞！

艾尔维在布隆住院后，莫泊桑来探视过他一次。那次的场面也同样凄惨。他们在一起度过了两个小时。艾尔维认出了哥哥，大哭起来，拥抱着他，说着莫名其妙的话，不住地吻他，要哥哥带他回家。

当莫泊桑离开时，艾尔维要送他，但却没有被准许。莫泊桑忍不住掉下了眼泪。而且他清楚地看出弟弟感到他自己身上有某种不知名的、可怕的东西存在。

后来莫泊桑在给友人的信中写道："他把我的心都给撕碎了，我还从来没有这样痛苦过。"

自从送艾尔维住院那天听到弟弟向他声嘶力竭地叫喊"你才是疯子"，莫泊桑再也摆脱不了这不祥呼声的困扰。

为逃避这呼声，莫泊桑驾驶着1888年1月购买

的"漂亮朋友2号"，又开始了"向太阳"远游，于9月到达突尼斯。10月里，他又踏上了前往意大利的旅程。

莫泊桑沿意大利西海岸航行，在几处岛屿和港口登岸观光，然后便弃舟取陆路，先后游览了里沃纳、比萨、佛罗伦萨等几座名城。他游兴正高，但咽炎和肠胃出血同时袭来，迫使他在佛罗伦萨连续卧床15天。大病初愈，他便打点回国。

他在戛纳还没有来得及好生将养，就收到一封电报：

艾尔维病重，挽救无望。

莫泊桑走在林荫路上，背后的铁格子大门关闭着，脚踩入枯叶中。树木可怜的枝丫伸入 11 月中旬傍晚渐渐昏暗的空中。母亲没有力气来，所以莫泊桑到这里来。

乌鸦在头上"呱呱"地叫出不吉利的声音，绕着圆圈飞。

莫泊桑走到门前，按响了门铃，他脸色铁青，而且还带着伤痕。

过了片刻，医生来了，用深刻的眼光看着莫泊桑，并与他握了握手。

"我弟弟怎么样？"

医生说："要见他吗？昨天差一点亡故，大概只为了等你。"

他们来到了二楼。艾尔维躺在床上，瘦得皮包骨，只有面孔不正常地呈现玫瑰色。看护的人就守在床边，灯光只照在一个地方，其余都是一片黑暗。

莫泊桑走了进去，艾尔维一直盯着哥哥的脸。终于，他浮起微笑："哦，是吉？"

"是我。你好吗，艾尔维？"

莫泊桑跪在弟弟旁边，艾尔维的声音虽然低弱得像耳语，但仍然很镇定："在没和你见面，对你说再见以前，我不想出发。"

莫泊桑递上一束菊花："我给你送花来了。瞧，这是从你的温室采来的。你喜欢花，过些时候到那里去看看花。"

艾尔维点点头："嗯。有含羞草吗？"

"多得是，而且是这个海岸最漂亮的。"

艾尔维脸上浮现出异样的光彩："一样就行了。我真希望看到遍地开花的农园，在蓝色的大海衬托下，真美啊！"

莫泊桑吻着弟弟的额头："农园正等着你去呢！"

这时，艾尔维就像小时候在故乡的院里与哥哥一块嬉戏一样，呼唤着哥哥："吉，吉！"

莫泊桑轻轻擦去弟弟眼角的泪，他那双美丽的蓝眼睛已经没有了光彩。他抓过哥哥的手，深情地吻了一下，然后头就慢慢地滚到枕头上。在布隆精神病院痛苦挣扎了3个月以后，11月13日，艾尔维终于去世了。

外面已经是深夜，冷风瑟瑟，月亮在乌云间穿行着，枯叶时时飘零。

艾尔维就埋葬在里昂。莫泊桑为他精心设计建造了一座圆形的石墓，以利雨水的冲刷，长葆坟墓的洁净。

1890年，莫泊桑右眼视觉功能出奇地恢复了正常。但是其他症状依然存在，他整个健康状况在缓慢地恶化。他的性情变得特别暴躁，在待人接物和书信中，狂妄非礼的言语屡见不鲜。尤其是动不动就与人争执，有时达到无理取闹的程度，甚至闹上法庭。

不过，在四处寻医的同时，在这一年里，莫泊桑的写作却令人难以置信地获得了一个小小的丰收：发表了长篇小说《我们的心》、游记《漂泊生涯》，以及《橄榄园》《无益的美》《苍蝇》等6篇中短篇小说。其中《橄榄园》可以列为莫泊桑中短篇小说的精品，此外值得一谈的便是长篇小说《我们的心》。

《我们的心》的发表，颇得资产阶级舆论的赞赏。他们恭维《我们的心》是"最洞察入微，是深思熟虑的心理研究"；声称安德烈和米歇尔是莫泊桑笔下"最富有生命力、最富有人情味的人物"；甚至说"作为一个作家，莫泊桑从来也没有在《我们的心》中表现得这样伟大"。

但是，评论家阿纳托尔·法郎士却说：

莫泊桑先生至少从来不对我们阿谀逢迎。他总是毫无顾忌地踩蹋我们的乐观主义，扼杀我们理想的美梦。而且他永远是那么坦率、正直、心地淳朴而又坚定。

《我们的心》单行本出版于1890年6月。当年夏天，莫泊桑又着手准备构思新的长篇小说的蓝图。但是，病魔这一次再也不让他如愿以偿，而是迫使他马不停蹄地东逃西窜。他时常说的话是："弗朗索瓦，收拾行李，准备旅行。"

福楼拜的纪念像筹备工作拖了很久，但终于完成了，决定举行揭幕典礼了。11月23日早上，虽然是阴云密布，但莫泊桑仍然搭乘火车赶往鲁昂。爱德蒙及左拉他们也一同前往。

左拉依旧谈锋甚健，对将来充满了计划。莫泊桑对他有些嫉妒，因为自己好像拖着无限的过去一样，感到没有止境的疲劳。

爱德蒙则拘谨地保持挺直的姿势，几乎一路都没有开口。据说他想进入国家艺术院却没有成功，失望之余，打算在他死后，捐赠财产设立爱德蒙文学奖。他依然以两根指头握手。

过了一会，大家就都不说话了。莫泊桑一动不动地坐着。

抵达鲁昂时，一队代表前来迎接他们。他们在莫泊桑中学时代就知道的市长家里共进午餐，一些名人也列席参加。

他们到市立博物馆参观福楼拜的原稿展览之后，被带到会场。风吹袭着，雨斜斜打着脸颊。有20多人在纪念碑旁边恭候，乡村乐队红着脸吹出高亢的音乐。

纪念碑揭幕后，爱德蒙对莫泊桑说："相当热闹，恰像对井中自然呼声的诚实回答。"

莫泊桑正想回答，爱德蒙因为要朗读祝辞已经走到前面去了。大风使他的声音时断时续，稿纸不停地打着他的下巴。

雨还在下个不停，莫泊桑却陷入了对恩师深深的回忆之中。

接着，市长致辞，再接下来是鲁昂艺术院的代表。人们吵吵闹闹，乐队抱着滴着雨水的乐器，一副可怜相。

典礼完成，人们不知所措地站在泥泞中。接着大家向马车走去。

莫泊桑与其他人也默默地离开，他稍微落后，伫立着注视着纪念碑，喃喃自语："我的良师，伟大的人。"然后转身消失在风雨中。

1890年11月末，从夏纳返回巴黎的途中，他在里昂下车，为艾尔维扫墓。他久久地、一动不动地伫立在墓前，可两眼却直勾勾地盯着空旷的地方。

弗朗索瓦发现他神态有些异样，忙问道："先生，您不舒服吗？"

莫泊桑仿佛如梦初醒，回答道："什么？哦，是你，弗朗索瓦你瞧那边，塞纳河多么美！我看见艾尔维了。他在等我。他不想撇下我自己死去。'吉！吉！'他在喊我。那声音还像他小时候在维尔吉的花园里呼唤我一样。"

12月17日，弗朗索瓦清扫客厅时，从地上拾起没有写完的信纸，莫泊桑刚好走进来，问："弗朗索瓦，那是什么？"

"哦，嗯……"弗朗索瓦看了一眼信纸，"是您写给泰纳先生的信。对不起，因为掉到地上……"

莫泊桑接过信纸："嗯。福楼拜的纪念碑揭幕典礼时，要请他们务必参加，因为需要签名。你到邮局去一趟好吗？"

弗朗索瓦吃惊地看了主人一眼："福楼拜的纪念碑……"

莫泊桑又说："还有，弗朗索瓦，收拾行李，要离开了。"

病魔缠身痛苦不堪

1890年年底在艾尔维墓前的幻觉，一直困扰着莫泊桑。

艾尔维凄厉的呼喊声时刻萦绕在他的耳际："我的吉！我的吉！我不能撇下你就死去！"莫泊桑真像是要追随亲爱的亡弟而去似的，他的病情在1891年这一年里急转直下。

他的左眼瞳孔扩大，右眼瞳孔缩小，左眼已经失去视觉调节功能，两个瞳孔对光线的作用都毫无反应。他戴上眼镜，虽能使左眼看清东西，右眼却很快就感到疲劳。

1886年以来就危害着左眼的病兆，现在在右眼上也表现出来了。他偏头痛发作更加频繁。他整个健康状况严重恶化，尤以消化不良和失眠为甚。

1890年，他还能以惊人的毅力挣扎写作，而现在，却无论如何也难以运笔了。

这段时间，莫泊桑的语言混乱也日益明显，连写字也失去了把握。字迹变得颤颤抖抖、拖拖曳曳，屡屡出现的错别字说明他的头脑常失去控制。

然而，疾病的打击越猛，他的反抗也越烈。他依旧读大量医书，结果适得其反。他比以往更热衷于求医，可又对医生心怀疑虑，对医嘱采取任性的态度。

他最信服的是对他病情的轻描淡写的诊断。他最乐于接受的，是以神经病学家夏科博士的名字命名的"夏科冲浴"。这种用冰凉的高压射流施行的冲浴，虽然能暂时冲淡他的痛苦，其实却在加重着他的病情。

遵照"常常冲浴"的医嘱，他马不停蹄地奔走在各温泉疗养所之间：中央高原的赛维纳山区，地中海沿岸附近的阿莱，加隆河流域的昌冲，靠近瑞士边境的莱芒湖畔的迪沃纳。

迪沃纳的温泉虽久负盛名，但是莫泊桑所在的那所疗养院却面对着冰川，经受着湖风的不断吹袭，使畏寒的病人不堪忍受。这时，泰纳一封来信带给他莫大的希望。他在 6 月 27 日发于迪沃纳的一封给母亲的信中兴奋地写道：

> 我正不知要逃到什么地方去寻找阳光，犹豫不决之际，泰纳写信来，竭力劝我去一所堪与迪沃纳媲美的疗养所：距日内瓦约十分钟路程的尚佩尔。去年他在那里住了 40 天就治好了和我完全一样的病——不能读书，不能写作，不能从事任何脑力劳动。他原以为完蛋了，可仅仅用 40 天工夫，他就复原了。
>
> 诗人杜尔珊此刻正在那里，他的病症同我也一样。他已经能睡好觉了，就是这么简单。
>
> 卡萨利斯曾同我在日内瓦会了一面。他觉得我气色好极了，样子强壮极了，而不禁惊呼：您已经好啦！我向他诉说了自己新近经受的一切痛苦。他回答了我一句很明智的话："对您来说，首先是需要气候干燥和阳光充足的环境；然后是必不可少的冲浴。因为冲浴已经使您变了样，我一见到您就确信这一点了。"

怀着这种盲目乐观的情绪，莫泊桑又开始了力不胜任的体力活动。他骑着三轮自行车四处游玩。

有一次，他用两个多小时前往 28 英里外的费尔奈参观伏尔泰的旧居。归途中，他突觉不适，摔下车来，滚落到迪沃纳的一个游泳池中。他还自鸣得意："我就像一条鱼落在水中，我是注定要生活在冷水中的人。"

然而，当莫泊桑在盛夏之际回到巴黎小住时，人们的反应向他道出了实情：他已经消瘦到几乎面目全非了。

他向朋友倾诉起自己的苦情：

我头痛越来越厉害。只有安替比林能使我得到一点儿宁静。不过，我想正是这种毒药在作祟，我的头脑现在空旷得厉害，最简单的词儿都找不到，如果我需要"天空"这个词或者"房屋"这个词，它们立刻就从我的脑子里消失了。我算完了。

由卡萨利斯伴送，莫泊桑在这年 8 月到了尚佩尔。亨利·卡萨利斯是一位著名的医学博士，也常以让·拉奥尔的笔名发表诗作，和泰纳、莫泊桑都交情很深。他也清楚莫泊桑已无可救药，只是故作轻松来尽量减轻好友的心理重负。

诗人杜尔珊果然正在尚佩尔疗养。寒暄已毕，卡萨利斯忙把他叫到一边，低声交底道："我把他带到这里来，是为了让他以为自己像您一样，不过有点儿神经衰弱。您得对他说这里的治疗已经使您病情见好，而且身体也养得强壮多了。可惜，他的病跟您的不一样，您用不了多久就看得出来。"

杜尔珊夫妇和莫泊桑在尚佩尔度过的日子，对这对夫妇来说绝不轻松。杜尔珊本来是由于神经过度疲劳才到这里疗养的，与他们终日形影不离的莫泊桑却口若悬河尽对他说些疯话，纯粹是一种精神折磨。

在朝暮相处的 3 天里，只有两个小时，杜尔珊仿佛又看到了昔日才华横溢的友人，然而这只有使他更觉悲凄！

那是一个晚上，杜尔珊夫妇请莫泊桑来他们单独居住的附属于同一家温泉旅社的木屋里做客。莫泊桑带着他那几乎须臾不离的手稿按时到来。

他兴致勃勃地说："我给你们讲讲我的《昂瑞吕斯》的故事吧！"杜尔珊夫妇自然乐意洗耳恭听。

莫泊桑便不紧不慢地讲起来，语言是那么清晰，思路是那么富有逻辑性，而且还带着极富感染力的激情。

莫泊桑滔滔不绝地讲了两个小时，接近尾声时，他激动得一边讲述一边啜泣。杜尔珊夫妇也哭起来，一方面有感于小说主人公的不幸命运，一方面却因为重新又发现了那依然在好友混乱了的心灵中闪耀的天才、柔情和怜悯的火花。

尽管恢复写作的努力遭到彻底失败，《昂瑞吕斯》毫无进展，论屠格涅夫的文章也未写成，莫泊桑却自以为"健康极佳"，又开始了穿梭的旅行：9月中旬到巴黎，9月下旬去戛纳，10月上中旬又回到巴黎。

10月17日23时，正当他热衷于巴黎的社交时，一次严重的疾病发作又把他击倒。4天后，他遵照医嘱，前往戛纳不定期地长住，安顿在母亲为他新租的"伊赛尔河木屋"。这是一座规模不大的三层楼房，坐落在通往格拉斯的大路边，面向着地中海。

11月底，莫泊桑的病情已严重恶化，他周身无处不感到无法忍受的痛楚。他常埋怨弗朗索瓦菜做得太咸，毒害了他的身体。他更频繁地冲浴，不但去温泉冲浴，在家中也经常泡在浴盆里。他简直离不开乙醚，似乎他的生命只有在麻醉状态才能得以延续。

而他的神志进一步迷乱。他明明约好18时去会见一个商人，但他14时就上门拜访。商人对莫泊桑说出了自己惊讶的原因。莫泊桑却若无其事地答道："瞧！真见鬼！……我的表指着19时，我还为迟到而抱歉呢。"

一天，他走出家门，见一家商店橱窗上贴着一张布告：

莫泊桑先生病情恶化，即将住进疗养院。

莫泊桑当即乘火车赶到尼斯，去安慰住在那里的母亲。紧接着他又返回戛纳，整理好文件，写下自己的遗愿。他在给友人的信里认真地慨叹："永别了，你将再也见不到我了。"

莫泊桑的幻觉明显加重。

圣诞节第二天的傍晚，他自我感觉甚好，便出门散步。可是不一会儿他就惊恐万状地跑回来，"弗朗索瓦！你在哪儿？快！快来！"

弗朗索瓦两手沾着面粉冲出门来，就看到莫泊桑面孔铁青，浑身战栗不止。

莫泊桑对弗朗索瓦说："我在通向墓地的那条岔路口遇见了一个幽灵，好恐怖，就在那边树下注视着我。你知道什么是幽灵吗？"

"知道，但是不会的，先生。"

"不，你不知道！"莫泊桑额头上冒着汗，他沉吟片刻，接着说，"最糟的是，这幽灵是……是我自己！"

说到这里，莫泊桑眼里充满了恐怖，神色更加紧张："他走到我跟前。他什么也没对我说……他只是轻蔑地耸了耸肩膀。他瞧不起我……弗朗索瓦，别忘了把所有的门都关好，都锁好。"

沉默了好一会儿，他又沮丧地问："弗朗索瓦，你相信有幽灵吗？"

弗朗索瓦不知道如何回答："我不知道，先生。"

莫泊桑眼睛看着无限遥远的夜空说："我也不知道，弗朗索瓦。最糟的是我不相信有幽灵，我知道这是幻觉，我知道这些幽灵就在我自己身上！"

12月27日吃午饭时，莫泊桑有些咳嗽。他对弗朗索瓦说，一定是他刚才吃的箬鳎鱼的脊肉进了肺里，他会被堵死的。

弗朗索瓦劝他喝一点热茶，效果竟出乎意料地好。

过了一会儿，莫泊桑走到海边，由水手搀扶着登上"漂亮朋友号"，做了他此生的最后一次海上漂游。

这天晚上，弗朗索瓦被一声声巨响惊醒，他连忙跑到主人的房间。

只见莫泊桑正平静地坐在窗前，用手枪向屋外的夜色连连射击。他就这样，并不瞄准，只是胡乱地开枪。他说："我确实听见有什么东西在爬花园的围墙。"

莫泊桑已不再心存幻想，他知道自己已病入膏肓。

就在吃笋鳎鱼这天上午，他在给自己的诉讼代理人、好友雅可布的信中写道：

我的情况越来越糟，什么也吃不下，头脑狂乱。我快死了。我相信我过两天就会死。

莫泊桑没有戴帽子，在海风吹拂下眺望着大海。北风吹起了地中海的蓝色波浪，使伊斯特斜面的松林发出"哗哗"声。在巴黎只逗留了几天，他们就到阳光灿烂的南部来，在这安静的别墅里，莫泊桑希望能获得休息。

刚刚返回巴黎的时候，莫泊桑感到全身充满活力，但没有几天，巴黎的吵闹、杂乱，就使他比以前更加烦躁，在山上吸收的清闲空气从体内渐渐流失。换了12位医生，也只说需要休息，并为他开出镇静剂，以及葡萄疗法，让他多吃葡萄。

一代文豪英年早逝

这年的岁尾就在莫泊桑的恐惧和弗朗索瓦的抚慰下度过。

天气很好,莫泊桑时常傍晚与弗朗索瓦一起在房子里眺望着嫣红的夕阳。

圣诞节第二天晚上的枪声平息之后,"伊赛尔河木屋"又过了几天平安的日子,就好像暴风雨来临之前总有相对的宁静一样。1892年新年眼看着到来了。

元旦早上,莫泊桑7时就起床了,说:"弗朗索瓦,我母亲等我们去吃午餐,不要迟到才好。搭9时的火车去威尼斯。"那次圣诞节子夜聚餐失约后,他就答应一定去同母亲共度新年。

可是,在刮脸时,莫泊桑突然感觉不舒服,手不大听使唤,眼前好似飘荡着一片迷雾。

他恨恨地喃喃道:"看来情况不妙,今天怕去不成威尼斯了。"

弗朗索瓦宽慰着主人:"您近来情况不错,今天气色也挺好,用不着担心,一会儿就会好的。"他丝毫没想到会发生什么问题。

莫泊桑吃了弗朗索瓦准备的早点,果然觉得好多了。

弗朗索瓦把窗户大敞四开,清新的空气和温暖的阳光顿时充满了整个屋子。

邮差来了,又是从各地寄来的贺卡,堆得跟小山一样。莫泊桑只匆匆浏览了其中的几封。

他依然是喃喃地说:"祝愿,还是些老掉牙的词。"

莫泊桑下楼来,水手雷蒙和贝尔纳已经在花园里等候多时了。这对朴实的汉子面带害羞的新年问候:"先生,新年恭喜!"

他们这笨拙朴实的问候倒挺让莫泊桑高兴,他感动地与他们握手:"谢谢,贝尔纳。谢谢,雷蒙。但愿今年是个好的年。"

接着,只有白天来做活的胖女罗丝也过来亲吻莫泊桑。莫泊桑说:"谢谢,罗丝。"

最后是弗朗索瓦,他说:"恭喜新年,并愿先生早日恢复健康。"

莫泊桑感动得说不出话,点头握着他的手,眼眶里泪光闪闪。

10时的时候,莫泊桑终于下了决心:"好,走吧!否则我母亲一定会以为我病了呢!"

中午饭是在母亲居住的拉弗奈尔别墅吃的。除了母亲和莫泊桑,同席的还有艾尔维的遗孀和她的玲珑可爱的女儿茜蒙,以及洛尔的妹妹亚努瓦夫人。大家聚集一堂,谈话热闹。

莫泊桑的食欲旺盛,弗朗索瓦十分欣慰。

吃到一半时,洛尔谈起海边的一栋别墅的事:"吉,你还记得吗?你以前盛赞的罗杰别墅,我想买下来,可是对方一直不肯卖,现在终于答应了。"

莫泊桑顺口回答:"是啊,前天药丸也这样通知我了。这可是大事。"

大家顿时都沉默了。弗朗索瓦正在收拾桌上的盘子,发现主人说了疯话,顿时羞红了脸。

洛尔盯着儿子,似乎心里明白了一切。从这时起,莫泊桑保持沉默,其他的人故意高声说笑。

16时,马车来接莫泊桑到车站,他与人们吻别。

洛尔依依不舍,他拥抱着儿子:"亲爱的儿子。"

他们离开拉弗奈尔别墅,顺路还买了一大箱白葡萄。莫泊桑回到家显然很高兴,立刻洗澡更衣,像往常一样吃了晚饭。

弗朗索瓦收拾着餐桌,莫泊桑则有些烦躁,在房内不停地踱步。时钟"滴答滴答"地响着,最后,他终于沉闷不语地上楼走进自己的卧室。

弗朗索瓦考虑了一下，迅速给他端来一杯洋甘菊茶剂。

莫泊桑直嚷着："弗朗索瓦，我的背痛。你替我想想办法。"

弗朗索瓦答应着："是，先生，我马上就弄。"于是给他拔了一通火罐。一小时后，痛止了，莫泊桑冷静了下来。

弗朗索瓦看着他合上了眼，才下楼，但没有关门。

零时30分的时候，门铃响了，弗朗索瓦一惊，赶紧跳起来开门，原来是邮差送来了一封电报。据邮差说，是从国外拍来的。

弗朗索瓦把电报送上楼去，主人正在熟睡，他把电报放在床头，便重又蹑手蹑脚下了楼。

弗朗索瓦实在太疲倦了，他很快就进入了梦乡。

一阵尖锐的声响划破了深夜的静谧，把弗朗索瓦惊醒。他起身一看，是半夜1时45分。这是最恶劣的时间。

弗朗索瓦有一种预感，他本能地径直奔入主人的卧室，只见莫泊桑在楼上站立不稳，两手紧捂着脖子，鲜血从指缝中向外流淌。

弗朗索瓦急忙奔过来："糟了！先生，这是怎么搞的？"

弗朗索瓦近前一看，只见莫泊桑脖子上有道"一"字形伤口，刀还在莫泊桑手里。

莫泊桑若无其事地说："怎么？弗朗索瓦！我割破了自己的喉咙……我毫无疑问是疯了。"

弗朗索瓦一边扶着莫泊桑，一边呼唤水手雷蒙。他们合力把主人抬到隔壁房间的床上。

弗朗索瓦简单地包扎好主人的伤口，对雷蒙说："快点，去请华克尔医生。"

雷蒙跑出去了，弗朗索瓦设法给莫泊桑止血。

20分钟后，邻近的华克尔医生也赶来帮忙。医生迅速地急救，莫泊桑一直很冷静，并吩咐："先把灯弄亮一点。"

弗朗索瓦端着灯的手不停地颤抖。

医生说:"雷蒙,用力按着你的主人,不能让他动。"因为雷蒙看到血淋淋的伤口,也在瑟瑟发抖。

医生包扎好,嘱咐了到天亮之间的护理,然后就告辞了。

待那医生走后,莫泊桑才好像刚刚发现两位仆人在身边,他连忙向他们道歉:"弗朗索瓦,雷蒙,害得你们担心了,对不起。"

弗朗索瓦不住嘴地宽慰他:"求求你,先生,不要说话。"他们两人轻轻地握着主人伸出来的手。

"可以原谅我吗?"

"先生,别这么说。没有什么可原谅的。"

弗朗索瓦坐在莫泊桑枕畔说:"一定会痊愈的,先生,两三周后就会忘记这一切的。"

莫泊桑在弗朗索瓦的安慰下,眼中似乎出现一道希望之光:"想想看,还有许多非写不可的美丽小说。唔,非写不可的。"他终于又合上眼皮,沉入梦乡。

雷蒙疲倦地倚在床边,脸色苍白。

"雷蒙,去喝杯甜酒,提提神。"

雷蒙点点头走了出去,不停地擦着眼泪。

他们一直守在主人身旁到天亮,弗朗索瓦感觉自己都快崩溃了。

1月2日至5日,莫泊桑一直昏昏沉沉,像是已经精疲力竭。

4日20时左右,他突然从床上坐起来喊道:"弗朗索瓦!你准备好了吗?……宣战了,来出征吧!"

弗朗索瓦曾经和他说定,一旦法国和德国重开战端,他们就一起走上前线。

弗朗索瓦明知主人现在是说胡话,敷衍道:"明天一早就出发。先生,今夜先好好休息。"

莫泊桑勃然大怒:"什么?!这是分秒必争的时候,你却想拖延?我们不是说好了吗,为了复仇,要一起进攻。"

弗朗索瓦和大家好不容易让他平静下来。

莫泊桑企图自杀的消息，弗朗索瓦过了两天才向巴黎报界宣布。戛纳的报纸还是通过"巴黎电讯"才得知的。人们蜂拥到"伊赛尔河木屋"前。门铃已经摘除了，人们就敲门。

弗朗索瓦不得不出来应付。他只有一句话：无可奉告。

1月6日，巴黎布朗什精神病院的一名护士到"伊赛尔河木屋"。第二天，莫泊桑便乘坐挂在巴黎快车上的一节车厢前往巴黎。弗朗索瓦心里很恼火，但又无能为力，主人被穿上了疯人用的拘束服。

莫泊桑看着一边坐着那护士，另一边是弗朗索瓦。啊，在偶尔清醒的时刻，他联想到当年送弟弟去精神病院时的情景，与这是何等相似！一路上他都沉默不语。

1月7日10时，莫泊桑抵达巴黎里昂车站。在站台上迎候他的有好友卡萨利斯和出版家奥伦道尔夫，还有布朗什精神病院的医生和大批怀着各种心情前来观看的人。

莫泊桑径直被送往位于帕西区的精神病院。看到这里的建筑物，弗朗索瓦毛骨悚然。

弗朗索瓦每天都来，几乎与以前一样侍候主人，替他更衣，送食物，到晚上莫泊桑疲倦睡着为止，一直不离开他的身旁。

莫泊桑有时平静，有时甚至会恢复精神说一些笑话。

1893年初，莫泊桑全面瘫痪的病象已显而易见。这年3月25日，他第一次长时间的癫痫性痉挛，整整持续了6个小时！他面部肌肉歪扭了，左腿和两臂的肌肉大受损伤。

一天晚上，弗朗索瓦协助莫泊桑给母亲写信，这时，莫泊桑突然大叫："我知道你要抢夺我在《回声报》的地位，而且要把我的一切密告给神，给我滚！我再也不愿意看到你。"

弗朗索瓦非常伤心，他立刻给洛尔写了信，说主人在那里肯定不好。

洛尔很快就给弗朗索瓦回信说:"亲切的弗朗索瓦,你说得不错,我儿子必须离开那里,我要尽力而为。"

第二天,弗朗索瓦与平时一样来到莫泊桑身边,主人愉快地迎接他:"弗朗索瓦,我们必须回去,原稿和书都还丢在家里。你再替我做些可口的食物好吗?那我就马上恢复健康,在这里绝对好不了。"

弗朗索瓦心如刀绞:"是,先生,我们马上回去。"就这样,莫泊桑回到了家里。

1893年7月6日上午,莫泊桑在弗朗索瓦的搀扶下到院子里散步。莫泊桑的脚步软弱无力,两人慢慢走了一阵,在长椅坐下。

这天晚上21时,莫泊桑与世长辞,享年43岁。

莫泊桑的葬礼于7月8日中午举行。莫泊桑被安葬在巴黎市内蒙帕那斯墓地第二十六区。

附　录

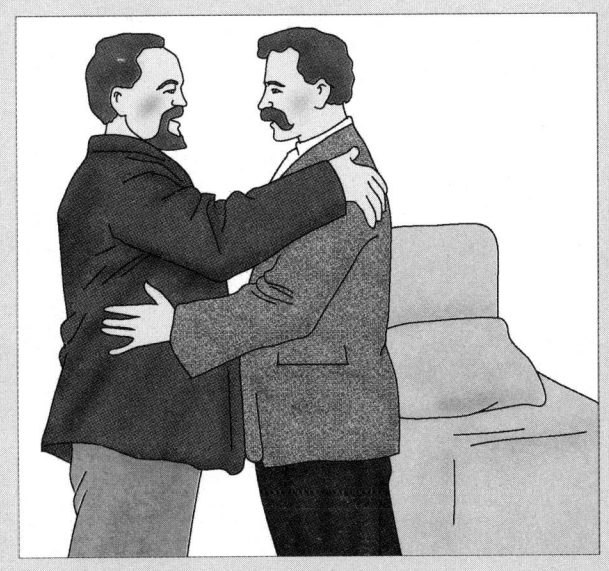

时间的脚步是不会因为我们有许多事情要处理而稍停片刻的。稍纵即逝的机会，更不会因为我们的犹豫不决而等待我们。

——莫泊桑

经 典 故 事

莫泊桑拜师

莫泊桑从小酷爱写作，孜孜不倦地写下了许多作品，但这些作品都是平平常常，没有什么特色。莫泊桑焦急万分，于是，他去拜法国文学大师福楼拜为师。

一天，莫泊桑带着自己写的文章，去请福楼拜指导。他坦白地说："老师，我已经读了很多书，为什么写出来的文章总感到不生动呢？"

"这个问题很简单，是你的工夫还不到家。"福楼拜直截了当地说。

"那怎样才能使工夫到家呢？"莫泊桑急切地问。

"这就要肯吃苦，勤练习。你家门前不是天天都有马车经过吗？你就站在门口，把每天看到的情况，都详详细细地记录下来，而且要长期记下去。"

第二天，莫泊桑真的站在家门口，看了一天大街上来来往往的马车，可是一无所获。接着，他又连续看了两天，还是没有发现什么。

万般无奈，莫泊桑只得再次来到老师家。他一进门就说："我按照您的教导，看了几天马车，没看出什么特殊的东西，那么单调，没有什么好写的。"

"不，不不！怎么能说没有什么东西好写呢？那富丽堂皇的马车，跟装饰简陋的马车是一样的走法吗？烈日炎炎下的马车是怎样走的？

狂风暴雨中的马车是怎样走的？车上坡时，马怎样用力？车下坡时，赶车人怎样吆喝？他的表情是什么样的？这一些你都能写得清楚吗？你看，怎么会没有什么好写呢？"福楼拜滔滔不绝地说着，一个接一个的问题都在莫泊桑的脑海中打下了深深的烙印。

从此，莫泊桑天天在大门口，全神贯注地观察过往的马车，从中获得了丰富的材料，写了一些作品。于是，他再一次去请福楼拜指导。

福楼拜认真地看了几篇，脸上露出了微笑，说："这些作品表明你有了进步。但青年人贵在坚持，才气就是坚持写作的结果。"

福楼拜继续说："对你所要写的东西，光仔细观察还不够，还要能发现别人没有发现和没有写过的特点。如你要描写一堆篝火或一棵绿树，就要努力去发现它们和其他的篝火、其他的树木不同的地方。"

莫泊桑专心地听着，老师的话给了他很大的启发。福楼拜喝了一口咖啡，又接着说："你发现了这些特点，就要善于把它们写下来。今后，当你走进一个工厂的时候，就描写这个厂的守门人，用画家的那种手法把守门人的身材、姿态、面貌、衣着及全部精神、本质都表现出来，让我看了以后，不至于把他同农民、马车夫或其他任何守门人混同起来。"

莫泊桑把老师的话牢牢记在心头，更加勤奋努力。他仔细观察，用心揣摩，积累了许多素材，终于写出了不少有世界影响的名著。

文章是修出来的

一天，莫泊桑带着一篇新作去请教福楼拜。他看到福楼拜桌上放着厚厚的一叠文稿，翻开一看，却见每页上都只写一行，其余9行都是空白。

莫泊桑不解地问："先生，您这样写，不是太浪费稿纸了吗？"

福楼拜笑了笑,说:"我早已养成了这种习惯,一张10行的稿纸上,只写第一行,其余9行是留着修改用的。"

莫泊桑听了,恍然大悟。于是他立即告辞,回家修改自己的小说去了。

文坛巨匠的鼓励

一天,福楼拜正和朋友们谈话,突然响起了短小而又有规律的"咚咚"的敲门声,作为主人的福楼拜,首先跑向门。他打开一看,来者不是别人,正是他的学生莫泊桑。莫泊桑向福楼拜深深地鞠了一躬,很有礼貌地说:"老师好!"

福楼拜满意地点点头,并连忙把莫泊桑拉进屋里去。

一向热情的都德,随手拿了把椅子给莫泊桑,莫泊桑连声说谢谢。都德生性活泼开朗,才第一次见到莫泊桑,就像见到老朋友一样,愉快地交谈着。

坐在一旁的屠格涅夫仔细打量着莫泊桑。屠格涅夫对莫泊桑的穿着很满意,于是,他对福楼拜说:"兄弟,你有一个好学生啊!"

福楼拜也不感到奇怪。

坐在一旁一直沉默的左拉终于发话了:"也许,到哪一天,他的写作水平会超过我们呢!"他说得平静温和,一点也不像是在开玩笑的样子。

大家都笑了。莫泊桑连说"不敢"。

听到各位好朋友对莫泊桑的好评,福楼拜会心地笑了。

年　谱

1850年8月5日，出生在诺曼底省第埃普城附近一个没落的贵族家庭。

1854年，全家定居于塞纳河滨省格兰维尔－伊莫维尔庄园中。这个庄园为莫泊桑后来的小说《一生》提供了背景。

1859年，全家离开诺曼底前往巴黎谋生。10月莫泊桑进入拿破仑公学读书。

1860年夏季，母亲洛尔携两个儿子回到诺曼底艾德路塔的维尔基别墅居住。年底，莫泊桑离开拿破仑公学；父母因感情不和而协议分居。

1861年至1862年，艾德路塔教区的欧布尔教士为两兄弟担任家教。

1863年，进入伊夫托修道院的学校读书，开始创作一些诗。

1866年，暑假中搭救了溺水的英国诗人、文学批评家斯文伯恩，受到对方的热情款待。

1868年，由于写了一首蔑视教会的诗被教会学校开除。在母亲的辅导下读完了高中二年的课程，10月进入鲁昂中学。在创作上受诗人路易·布耶和小说家福楼拜的栽培。

1869年7月18日，路易·布耶去世。7月27日通过中学毕业会考并获得克安大学文学学士衔。10月赴巴黎攻读法律专业，受叔本华的哲学思想影响颇深。

1870年7月，法国和普鲁士之间爆发战争，莫泊桑应征入伍。在战争中的经历成了他日后写作的重要题材。

1871年9月，退伍复员。

1872年3月，进入海军部工作。10月被任命为殖民地管理处的临时雇员，但没有薪水。工作之余继续学习法律。

1873年2月，正式领薪水，开始了公务员生涯。在福楼拜的指导下开始学习小说创作。

1874年，冬季在福楼拜寓所结识了屠格涅夫、都德、左拉、龚古尔等名作家。

1875年，创作历史剧《吕纳伯爵夫人的背叛》。4月在一群朋友中不公开上演黄色滑稽剧《玫瑰花瓣·土耳其人之家》。短篇恐怖小说《人手模型》在《洛林季风桥年鉴》上发表，莫泊桑署名为约瑟夫·普律尼埃。

1876年3月，在《文学共和国》上以居伊·德·华勒蒙的笔名发表诗歌《水边》。10月完成独幕诗剧《排练》。结识阿莱克斯、瑟阿尔、厄尼克、于斯曼等青年作家，以左拉为偶像，经常出入巴黎郊区左拉的梅塘别墅聚会，号称巴黎"梅塘集团"。开始出现脱发症。

1877年1月，在《国家》杂志刊载评论《十六世纪的诗》。向海军部请假赴瑞士雷安温泉治病。

1878年，由海军部转入教育部。

1879年2月，上演韵文剧《往昔的故事》。12月，开始撰写小说《卢昂人与战争》，即《羊脂球》。

1880年，《羊脂球》发表后大受称赞，因此而在文坛上扬名四方。5月8日恩师福楼拜去世。9月，赴法国南部旅行。

1881年7月，赴阿尔及利亚旅行。12月，由亚华尔书店刊行第一本短篇小说集《泰利埃公寓》。当年从教育部退休，专心写作。

1882年，出版第二本短篇小说集《菲菲姑娘》。

1883年6月，小说集《山鸡的故事》出版。11月25日，小说集《月光》出版。

1884年初，游记《向太阳》出版。4月，小说集《哈丽特小姐》出版。7月，小说集《隆多里姐妹》出版。10月，小说集《伊薇特》出版。

1885年3月，小说集《白天和黑夜的故事》出版。5月11日，长篇小说《漂亮朋友》出版。

1886年1月，小说集《图瓦》出版。

1887年1月，长篇小说《温泉》出版。5月，小说集《奥拉》出版。7月8日和9日，两次乘气球旅行。

1888年1月，长篇小说《两兄弟》出版。6月底，游记《在水上》出版。10月，小说集《于松夫人的贞洁少男》出版。

1889年2月，小说集《左手》出版。5月，长篇小说《如死神一般坚强》出版。

1890年3月，游记《漂泊生涯》出版。4月，小说集《无益的美》出版。6月，长篇小说《我们的心》出版。

1891年3月4日，与雅克·诺曼合写的独幕剧《缪索特》首演。3月，继续写作长篇小说《昂瑞吕斯》，进展不大。多方求医，四处疗养。12月，病苦已极，多次向友人宣称自己将不久于人世。

1892年1月1日至2日的那个夜晚，在"伊赛尔的木屋"别墅3次试图自杀。1月7日，住进巴黎布朗什医生的精神病院。

1893年3月6日，两幕话剧《和睦家庭》在法兰西喜剧院首演。7月6日，莫泊桑病逝。享年43岁。

名　言

● 写作如春蚕吐丝，呕心沥血。

● 能夺走我们心的就一定值得我们尊重。

● 应该时刻躲避那些走熟了的路，去寻找一条新路。

● 天才不过是不断地思索，凡是有脑子的人，都有天才。

● 大艺术家就是那些将个人的想象力强加给全人类的人。

● 床陪伴我们终生，我们生在上面，长在上面，最后将死在上面。

● 才能是来自独创性。独创性是思维、观察、理解和判断的一种独特的方式。

● 世上真不知有多少能够成功立业的人，都因为把难得的时间轻轻放过而致默默无闻。

● 谁知道呢？人生是多么奇怪，多么变幻无常啊，极细小的一件事可以败坏你，也可以成全你！

● 只有爱情才是神圣的，婚姻和爱情毫无共同之处：婚姻是法律，而爱情则是本能。

● 不谦恭、不和睦的人，不但会遭受物质的损失，而且将失去生活的情趣。

● 人生道路是漫长的，关键时候只有几步，特别是你不太年轻的时候。

● 时间的脚步是不会因为我们有许多事情要处理而稍停片刻的。稍纵即逝的机会，更不会因为我们的犹豫不决而等待我们。

● 作家的伟大就在于把一个人人都能想到的故事，以人人都想不到的手法表现出来。

● 生活中有两个悲剧：一个是你的欲望得不到满足，另一个则是你的欲望得到了满足。

● 头脑里转悠着一些看上去似乎高深莫测的思想，那全是些宗教的、哲学的凡俗之见。智力平庸者一面对死者，总要受这类思想的困扰。

● 人生活在希望之中。旧的希望实现了，或者泯灭了，新的希望的烈焰随之燃烧起来。如果一个人只管活一天算一天，什么希望也没有，他的生命实际上也就停止了。

图书在版编目(CIP)数据

莫泊桑 / 冯化太编著. -- 北京：中国社会出版社，2012.6
（2022.6 重印）
（世界名人非常之路）
ISBN 978-7-5087-4076-8

Ⅰ. ①莫… Ⅱ. ①冯… Ⅲ. ①莫泊桑, G.（1850~1893）-生平事迹 Ⅳ. ①K835.655.6

中国版本图书馆 CIP 数据核字(2012)第 105604 号

出 版 人：	浦善新	策划编辑：	侯 钰
责任编辑：	侯 钰	封面设计：	张 莉

出版发行：	中国社会出版社	地　　址：	北京市西城区二龙路甲33号
邮政编码：	100032	编 辑 部：	(010)58124867
网　　址：	shcbs.mca.gov.cn	发 行 部：	(010)58124866
经　　销：	各地新华书店		

印刷装订：	北京华创印务有限公司	开　　本：	170mm×240mm 1/16
印　　张：	13	字　　数：	200千字
版　　次：	2012年6月第1版	印　　次：	2022年6月第4次印刷
定　　价：	49.80元		

中国社会出版社微信公众号

中国社会出版社天猫旗舰店